Mystères et faits divers 1

hachette
PRATIQUE

À vous d'enquêter

Vous voici en possession d'un recueil de courtes nouvelles policières imaginées et écrites pour vous permettre d'endosser l'habit de l'enquêteur de police criminelle. À vous d'en adopter aussi le raisonnement et les réflexes pour découvrir, avec l'aide du dossier d'enquête, la vérité, le nom du coupable et son mobile. Si cela vous est vraiment indispensable, vous trouverez les solutions à ces énigmes à partir de la page 116.

Avertissement

Les récits qui suivent sont des fictions. Les noms des personnages, leur personnalité, leurs propos et les lieux de leurs destinées procèdent de l'invention de l'auteur. Celle-ci étant nourrie d'expériences, de lectures et de rencontres, toute ressemblance avec des situations d'enquête réelles, des scènes de crime et des techniques d'investigation qui ont ou auraient pu exister, ne serait cependant ni complètement fortuite ni parfaitement involontaire.

Si ces mystères sont donc imaginaires, la part humaine propre aux faits divers ne l'est pas toujours et les éléments techniques jalonnant les énigmes ne le sont pas du tout.

Sommaire

LES ÉNIGMES

LES ÉNIGMES

CHIENNE DE MORT

LES FAITS

Des cadavres, les plongeurs de l'unité nautique de la gendarmerie de Calais en avaient remontés plus d'un des profondeurs boueuses des rivières et des canaux du Nord. De tous types et dans tous les états. Mais jamais comme celui enlevé ce jour-là au canal Dunkerque-Escaut, après qu'un marinier eut donné l'alerte. En guise de lest, une lourde chaîne était enroulée autour des jambes. En guise de collier, le corps portait une laisse passée autour du cou. Et, en guise de second lest, au bout de la laisse était attaché ce qui restait d'un chien de la taille d'un caniche, et méritait doublement d'être qualifié de poids mort.

L'identification du corps ne fut pas problématique. Une lettre avait glissé d'une déchirure de la poche intérieure dans la doublure de la gabardine. Elle portait encore visible, en dépit du séjour dans l'eau, un en-tête des services sociaux de la ville et un numéro de dossier. Celui d'une femme de 63 ans, célibataire, locataire d'un deux pièces dans la barre d'un ensemble HLM municipal.

L'enquête d'environnement, lancée sans attendre les résultats de l'autopsie, établit rapidement le profil d'une solitaire aux allures un peu excentriques que les voisins n'avaient jamais vue qu'accompagnée de son chien, un caniche au pelage abricot. De Suzanne, on ne disait pas grand-chose sinon qu'elle s'attifait de bric et de broc et que de jour comme de nuit elle était toujours accompagnée de son « Domino », auquel elle s'adressait à voix haute. L'animal, les voisins le soulignaient volontiers avec une pointe de réprobation, était toujours soigneusement toiletté, bien d'avantage que sa maîtresse, et affublé par temps de pluie d'une capuche au col de fourrure assorti à sa tonsure.

Si elle conversait assidûment avec son chien, Suzanne se montrait bien moins loquace avec son voisinage. Peu de bonsoirs et jamais de bonjours. C'est dans un autre cadre qu'elle s'épanchait plus volontiers en étanchant une soif tenace. L'enquête établit en effet que la noyée mal connue par son voisinage était en revanche fort bien connue de plusieurs bars des environs où elle avait des habitudes régulières. Or les éléments recueillis dans l'un d'eux eurent pour effet immédiat de compliquer les conjectures des enquêteurs.

À La Chope d'or, un rade sans âge mais pas sans habitués, on connaissait bien Suzanne, « la Duchesse » plutôt, puisque tel était le surnom donné par le patron de l'estaminet à la vieille toujours accompagnée de son clébard, prompte à se faire payer une chope en assurant que sa famille avait de la particule et du bien, et qu'un jour prochain ils feraient tous moins les marioles quand elle viendrait racheter le troquet pour leur payer des coups…

Une semaine auparavant, justement, Suzanne avait passé une bonne partie de la soirée à chopiner avec trois jeunes gars en virée au fil des zincs. Tandis qu'ils lui payaient des coups, elle les avait abreuvés de paroles, narrant par le menu ses projets de châteaux en Espagne. La Duchesse avait passé l'âge de plaire aux trois gaillards. Il fallait donc croire que c'était sa parlotte qui les avait intéressés, vu qu'ils étaient restés un bail à commander des canons. À l'heure de la fermeture, la Duchesse, son Domino et ses trois camarades d'arsouille s'en étaient allés ensemble. Et depuis, Suzanne n'avait plus été vue à aucun comptoir.

Une semaine, c'était à peu près l'intervalle *post mortem* avancé, en première estimation, par le légiste qui avait été appelé pour examiner le corps sur les berges du canal. Non loin de là, un terrain en friche avait été transformé en décharge improvisée ouverte à tous vents et à tous passants. Parmi les gravats, objets et déchets déposés se trouvaient plusieurs chaînes en métal rouillées semblables à celle qui avait été enroulée autour des jambes de Suzanne. Si on avait voulu se débarrasser d'un cadavre à la hâte, il n'avait pas fallu aller très loin pour dénicher de quoi le lester.

Des éléments matériels, les techniciens de police scientifique en collectèrent de nombreux autres dans la HLM de la victime. Ils avaient trouvé un appartement de deux pièces en désordre, au mobilier décrépi, encombré de collections de vieux journaux, de prospectus publicitaires et de piles de paperasses poussiéreuses. Le désordre des lieux ne recelait cependant pas de traces apparentes de lutte ou de violence. La chambre de Suzanne ne semblait pas avoir été fouillée, en dépit des vêtements épars sur le sol et le lit. Étrangement, dans la salle de bains, la baignoire à l'émail usé était encore à moitié pleine. Sur la toile cirée de la table du salon étaient allongés plusieurs cadavres… de bouteilles de bière premier prix et de whisky, ainsi que des verres dépareillés. Quatre exactement. Baignoire en émail, verres… un vrai bonheur de palucheurs*.

LE DOSSIER

☛ Des prélèvements d'eau ont été effectués à l'endroit du canal où a été découvert le corps.

☛ À l'autopsie, l'état du poumon, gonflé et détrempé, confirme la noyade. Le corps a subi des traumatismes *post mortem* compatibles avec des chocs possibles contre des péniches lors de sa remontée. Le chien est également mort noyé.

☛ Outre les traces digitales de Suzanne, les dactylo-techniciens (ou palucheurs) relèvent sur les verres et les bouteilles trois empreintes, toutes différentes de celles de la victime.

☛ L'une est fichée au FAED (Fichier automatisé des empreintes digitales). C'est celle d'un ex-prisonnier condamné pour vols, libéré en conditionnelle et employé dans une chaudronnerie.

☛ Deux autres empreintes partielles sont relevées sous le rebord de la baignoire.

☛ Les deux amis de Suzanne sont aisément identifiés. Ils reconnaissent l'avoir rencontrée à La Chope d'or mais nient d'abord s'être rendus chez la noyée.

☛ Ce n'est que confronté à ses empreintes que l'un d'eux admet avoir fini la soirée à schniker (boire) chez la vieille. Il ajoute qu'ils étaïent tous « dans l'nougat » et qu'ils avaient

---

*Palucheur : c'est le surnom longtemps donné aux dactylotechniciens, spécialistes des empreintes digitales.

« fait les cons » avec le chien, mais que ça ne valait tout de même pas de se faire enquiquiner par la police.

☛ Un avis de recherche est lancé contre l'apprenti chaudronnier. Il sera finalement arrêté pour des violences commises en état d'ébriété. Mais entre temps, la noyade suspecte de Suzanne et de Domino aura été élucidée.

☛ Ce sont avant tout les analyses anatomopathologiques demandées lors de l'autopsie, et notamment celles des diatomées, qui vont permettre d'élucider l'énigme : on en retrouve en effet dans les prélèvements effectués sur Suzanne, mais pas dans ceux faits sur son chien. C'est là le point central de ce dossier de mort entre deux eaux.

La solution est en page **118**.

UN CRIME À PLUSIEURS COUCHES

LES FAITS

Même si ce jour-là le jogger ne s'était pas arrêté, après trois kilomètres de course, pour refaire son lacet sur le chemin forestier au nord de Valenciennes, le cadavre aurait été un jour ou l'autre repéré. Il gisait, recouvert sommairement de quelques branchages, dans le fossé.

Les premiers techniciens en identification criminelle* (TIC) de la gendarmerie ayant procédé au gel des lieux, le légiste revêtit à son tour la combinaison de protection blanche et rejoignit les personnels, déjà sur place, par l'itinéraire balisé. La journée était bien avancée. Une des ces journées de printemps précoce, comme il y en avait depuis dix jours. Un temps à reprendre l'apéro en terrasse et en bras de chemise, comme on le montrait au JT de 13 heures, plutôt qu'à s'envelopper sous une couche plastifiée. Aussi, quand les branchages eurent été écartés, ce fut le premier signe qui attira l'attention du Dr Gérard Payet. Celui-ci échangea avec les TIC un regard qui exprimait le même étonnement. Ce ne fut pas le visage tuméfié, gonflé et déformé sous les coups, ni les traces de blessures et les coupures aux mains incrustées de terre séchée qui les intriguaient. Mais ce fut plutôt le

---

* TIC : le technicien en identification criminelle est un gendarme chargé de pratiquer des opérations de police technique et scientifique en vue de la manifestation de la vérité dans le cadre des enquêtes judiciaires.

fait que l'homme semblait s'être habillé plus pour passer une nuit à la belle dans une froidure scandinave que pour une balade dans l'étonnante douceur saisonnière.
Sous la doudoune : un blouson épais ; sous le blouson : un gilet de grosse laine ; sous le gilet : un sweat-shirt et, au-dessous, encore deux couches de tee-shirt. Des chaussettes et d'autres tee-shirts avaient encore été serrés sous le jean maculé de traces de boue. À droite du fossé, la végétation du sous-bois était comme fauchée, littéralement piétinée sur un rayon de 50 mètres. À gauche, le talus présentait un aspect raviné, comme si un homme à terre avait désespérément tenté de s'extirper de l'enfer. À vingt-deux reprises au moins, il y avait été précipité. Soit précisément le nombre de coups de couteau qui serait relevé sur le cadavre lors de l'autopsie. En sus des blessures à l'arme blanche, celle-ci listerait aussi les traces de multiples coups, portés par des objets contondants, de pied et de poing. Mais pour le légiste comme pour les TIC, l'examen des lieux et du cadavre donnait déjà la mesure du calvaire subi par l'homme emmitouflé. Avant d'être mise à mort, la victime avait littéralement été lynchée.
Sur le sol encore meuble, des traces de pneus furent photographiées et, pour partie, moulées. En explorant la lisière du chemin à l'endroit des traces, un TIC remarqua une écaille de peinture noire sur une souche d'arbre barrant un sentier perpendiculaire. Un morceau d'écorce de bois fut soigneusement décroché et placé sous scellé dans une enveloppe de papier kraft.

Les cadavres en forêt ont rarement leurs papiers, et celui-ci ne dérogeait pas à la règle. S'il avait porté des objets personnels, ceux-ci avaient été soigneusement escamotés. Présenter aux alentours une photographie de son visage tuméfié ne serait pas d'une grande utilité. C'est la biologie, *via* le Fichier national des empreintes génétiques, qui allait permettre l'identification. Le profil ADN, effectué par l'Institut de recherche criminelle de la gendarmerie nationale, mit un nom sur le massacré du chemin forestier. Un an auparavant en effet, Thierry Stephan, 35 ans, avait été condamné à dix mois de prison, dont sept avec sursis, pour sa participation à un réseau de trafic de stupéfiants. À Poitiers, où la peine avait été prononcée, la famille Stephan fut contactée. On y dressa le portrait d'un fils unique en rupture avec son milieu aisé, d'un garçon au caractère influençable qui avait opté pour une « vie de marginal ». Hormis une vieille tante, qui recevait encore ses visites et lui remettait de temps en temps de l'argent, tous les ponts avaient été rompus entre fils et famille. Dès son retour de vacances, sa tante fut interrogée. Son témoignage allait véritablement faire démarrer l'enquête.

L'ensemble des éléments recueillis au cours des semaines suivantes permettraient de reconstituer la vie de Thierry Stephan et de remonter jusqu'aux coupables. Mais expliqueraient-ils les mystérieuses couches de vêtement que portait la victime ?

LE DOSSIER

☛ L'autopsie établit que la victime a succombé à plusieurs hémorragies externes. Les plaies les plus profondes, aux bords nets et symétriques, présentent un angle aigu et un autre plus arrondi correspondant au dos de la lame. L'homme a été tué à coup de couteau. Des plaies par poignard auraient présenté deux bords aigus.

☛ Sur le corps, le visage et le crâne, des ecchymoses et hématomes sont relevés. L'ensemble de ces contusions cutanées de taille et de forme diverses présente une couleur verdâtre et jaunâtre. Des fractures sont relevées au nez et aux côtes droites. Ces traces sont compatibles avec des coups portés avec les poings et avec les pieds, une petite dizaine de jours auparavant.

☛ Les analyses toxicologiques révèlent un taux élevé d'alcool dans le foie, ainsi que des traces de consommation de cannabis et d'ecstasy.

☛ Interrogée, la tante de Thierry Stephan détaille aux enquêteurs les circonstances de la dernière visite rendue par son neveu. Elle précise qu'elle lui a remis une petite somme d'argent, comme elle le faisait souvent pour le dépanner, et l'a raccompagné jusqu'au porche. Là, elle l'a vu monter dans une voiture noire où se trouvaient trois hommes. Elle s'en souvient bien car elle a même noté que le véhicule était immatriculé dans le 22 (Côtes-d'Armor).

☛ Les prélèvements de peinture sont analysés au département Véhicules de l'Institut de recherche criminelle de la gendarmerie nationale. Leur composition est similaire à la peinture utilisée pour plusieurs gammes de Ford Escort produites entre 1995 et 2000. L'empattement et la voie (distance entre les pneus), estimés à partir des traces relevées sur le chemin forestier, correspondent à ces véhicules.

☛ Quelques dizaines de véhicules similaires sont immatriculés dans les Côtes-d'Armor. L'un d'eux est repéré lors d'une patrouille, garé près d'un mobile home sur un camping. Les pneus, neufs, ont été changés récemment.

☛ Les deux occupants du mobile-home, placés sous écoute et surveillance, sont reliés à un troisième homme, Richard M., qui occupe un appartement à Morlaix. L'appartement est loué au nom de la victime.

☛ Les trois hommes sont placés en garde à vue. Deux compagnes sont également convoquées. Leurs interrogatoires vont permettre d'élucider le crime et d'expliquer, très probablement, le mystère de l'étrange tenue d'un homme qui, quoique averti, n'avait pas tout prévu.

La solution est en page **119**.

ET POUR UNE BIÈRE DE TROP

LES FAITS

Abdel n'avait rien vu venir. Vingt-cinq ans à tenir la caisse, une oreille sur le transistor et un œil sur le miroir de surveillance des rayonnages. Vingt-cinq ans à servir proprios et poivrots, grands-mères et ados, petits bourgeois et grands prolos. Vingt-cinq ans, onze mois sur douze, six jours sur sept, douze heures par jour et, en quelques minutes, l'envie de baisser définitivement le rideau de fer pour repartir là-bas, au bled planté dans la plaine d'Oudja.

En vingt-cinq ans, c'est sûr que le quartier avait changé. Les petites vieilles qui lui confiaient leur porte-monnaie pour sortir pièce par pièce le prix de la plaquette de beurre et du pâté Hénaff fourrés au fond du Caddie se faisaient moins nombreuses, emportées par l'âge, quand ce n'était par la canicule, ou exilées par la flambée immobilière qui avait déteint jusque sur les quartiers populaires du nord-est parisien. Des jeunes couples avaient repris et retapé les appartements libérés pour s'y installer avec vélos, poussettes et enfants. Plus souriants, ils étaient néanmoins plus pressés et moins causants que les petites vieilles. Et moins fidèles de surcroît, surtout depuis l'ouverture à deux rues de là du discounter qui avait sacrément élagué son chiffre d'affaires. Mais bon, c'était comme ça, pensait Abdel, fataliste. Les temps changeaient et, avec eux, les clients de l'épicerie. Mais l'épicerie, elle, elle changerait pas.

Les jeunes aussi avaient changé. Surtout ceux qui tenaient les murs au pied des barres HLM de la cité, de l'autre côté du boulevard. Moins ils travaillaient, moins ils avaient de respect. Longtemps pourtant, seuls les gamins lui avaient causé du tracas quand ils débarquaient en groupe, tentant d'occuper son attention avec des questions sur les prix des articles les plus hauts placés sur les rayons. Ceux-là, Slimane, neveu d'Abdel qui s'occupait des livraisons et de servir les fruits et légumes à l'extérieur, les avait à l'œil, et au bon.
Les jeunes d'aujourd'hui, ils buvaient bien plus et bien plus tôt qu'il y a vingt ans. Ce qui avait le double don d'attrister Abdel et de le consoler en faisant tourner la caisse. Passé vingt heures, après la fermeture du supermarché discount, les bières hollandaises, dont le degré d'alcool avait suivi au fil des ans une progression inversement proportionnelle à leur prix, devenaient un de ses produits phares. Leur rayon s'était progressivement élargi pour accueillir ce best-seller épicier qui brassait large, des jeunes soiffards désœuvrés aux vieux pochards impénitents.
Un tout autre négoce d'addictions, illégal celui-là, préoccupait les commerçants du quartier. Les brèves du cahier départemental du *Parisien* se faisaient régulièrement l'écho des tensions créées par la concentration du trafic de drogue au pied de la cité et dans le square attenant. Ni les pétitions de riverains ni la multiplication des patrouilles n'avaient ralenti le ballet codé et silencieux entre dealers et junkies, et encore moins désamorcé l'engrenage insécuritaire qu'il générait. Les passants n'étaient plus les seuls à

se faire braquer. Il y avait eu le pharmacien, la boulangère, le traiteur chinois, et puis il y avait eu Abdel.
Slimane était dans l'arrière-boutique en train de trier les primeurs, quand le type était entré. Celui-ci avait patienté devant le rayon des bières, jetant des coups d'œil derrière lui, vers la caisse où un couple réglait ses courses. Il semblait hésiter, et ce n'est que quand les clients étaient sortis qu'il avait saisi une canette. Abdel l'avait vu disparaître derrière le rayonnement en U de l'épicerie puis réapparaître de l'autre côté et se pointer d'un pas rapide vers la caisse. Le type, un grand Noir enveloppé dans un blouson molletonné à capuche cerclée de fourrure synthétique, avait regardé une nouvelle fois vers l'entrée avant de sortir de dessous le blouson un revolver pour le braquer vers la tête d'Abdel. « Donne ! Donne tout j'te dis. »
Abdel avait ouvert le tiroir-caisse et commencé à sortir un à un les billets de dessous le compartiment à pièces : « Zy'va sale chacal, ya que dalle. File la zeillo là putain. File ou j't'allume ta race. » Abdel déposait nerveusement les biftons sur le comptoir quand Slimane poussa la porte de l'arrière-boutique. Le Noir le braqua, puis re-pointa son arme vers Abdel. C'est alors que le coup partit. La détonation vrilla les tympans d'Abdel, et celui-ci ne sentit plus que l'odeur âcre de la poudre. Il demeura les yeux fermés à double tour durant une poignée de secondes, qui lui parut une éternité. Quand il décolla enfin des paupières qui semblaient peser une tonne, l'agresseur avait disparu avec la maigre recette de la journée. C'est au son des gouttes de rhum de cuisine s'écoulant des flasques brisées derrière lui qu'il comprit que la balle était passée à deux doigts de sa tête.

LE DOSSIER

☛ L'enquête est confiée à la brigade de répression du banditisme. Sur place, les techniciens de l'Identité judiciaire prélèvent le projectile de calibre 22LR tiré par l'agresseur ; il a percuté le rayonnage de flasques d'alcool de cuisine situé derrière le caissier à hauteur de tête… qu'Abdel avait heureusement penchée au moment du tir.

☛ De nombreuses empreintes digitales, souvent superposées, sont relevées autour de la caisse. Mais si le braqueur a abandonné quelques billets sur le petit tapis roulant, il a eu le réflexe d'emporter la canette qu'il prétendait acheter. Il n'est donc pas possible d'isoler avec suffisamment de certitude l'empreinte supposée du braqueur.

☛ En revanche, le témoignage d'Abdel est très vite sollicité pour faire dresser un portrait-robot par les dessinateurs de l'IJ. L'épicier décrit un homme athlétique de type afro-caribéen, aux cheveux courts coiffés en ordre et vêtu d'un blouson, dont la capuche s'est baissée quand il a saisi son arme. Forme du nez, des sourcils : Abdel donne des éléments très précis. Il a gardé figée la vision de l'homme avant que le coup de feu ne parte. Son agresseur, explique-t-il, avait même une cicatrice qui partait de l'extrémité basse du nez jusqu'au-dessous de la paupière. Il portait une sorte de brillant à l'oreille gauche.

☛ Le dessinateur fait défiler un à un les éléments de portrait contenus dans le logiciel E-Fit. À la fin de la séance, une fois tous les signalements donnés, le portrait-robot apparaît. Abdel se montre plutôt satisfait. Chose peu fréquente, il ne relève aucune contradiction entre les éléments donnés sans hésiter et le résultat final. Il fait rectifier l'empattement du nez et acquiesce, attribuant même à la conformité du portrait réalisé une note de 17 sur 20.

☛ L'enquête de police judiciaire cible la cité proche. Un informateur établit une concordance entre le portrait-robot et un jeune homme de 23 ans : Moussa S. est noir, grand et a eu maille à partir avec la justice bien avant ses 18 ans. Il vient de purger une peine de six mois d'emprisonnement pour vol avec violence en état de récidive et possession de stupéfiants.

☛ La photographie d'identité judiciaire du suspect est présentée à Abdel qui le reconnaît. Moussa S. est interpellé dans l'appartement de sa mère. Il a une cicatrice sous l'œil et porte un brillant à l'oreille. Un blouson à capuche similaire à celui décrit par Abdel est saisi. Placé en garde à vue, le suspect lui est présenté lors d'une parade d'identification. Abdel est formel et désigne son agresseur au milieu des autres personnes.

☛ Interrogé, Moussa S. nie formellement être l'auteur du braquage de l'épicerie. Il reconnaît en revanche s'y être rendu à deux reprises la semaine précédente : « Avec les tepos, on a juste acheté de la bière. Le vieux, il chouffait grave. Et il nous a même embrouillés sur la némo. » Des affirmations que le procès-verbal d'interrogatoire relate en ces termes : « Avec quelques camarades, nous nous sommes rendus dans l'épicerie que vous m'indiquez pour y acheter de la bière. Le commerçant nous surveillait attentivement. Je me souviens que nous avons même eu un différend avec lui à propos de la monnaie qu'il nous rendait. »

☛ De surcroît, assure Moussa S., le jour des faits, il assistait à un match de foot opposant, sur un terrain jouxtant le périphérique, un club de l'arrondissement à une équipe de la banlieue nord. Une trentaine de joueurs, un arbitre, trois éducateurs et des spectateurs peuvent en témoigner. Car il dit avoir pénétré sur le terrain avec d'autres amis après une série d'insultes échangées avec un joueur de l'équipe visiteuse.

☛ La garde à vue est prolongée le temps de procéder aux vérifications. Entre temps, un autre braquage a lieu dans le quartier. Mais cette fois, l'agresseur est interpellé au terme d'une course poursuite avec des policiers en patrouille. On saisit sur lui un revolver de calibre 22LR. Cet homme sera-t-il reconnu par Abdel ?

La solution est en page **121**.

LA HUITIÈME VICTIME

LES FAITS

Après tout, elle ne risquait pas plus à voir qu'à écouter. Et puis peut-être au moins pourrait-elle désormais se débarrasser des importuns sans avoir à leur raccrocher au nez. À force d'appels, Claire s'était trouvée à bout d'arguments. Depuis un an, ça n'arrêtait pas : un tous les deux jours ou quasiment, et même le week-end. Pas de repos pour les esclaves du harcèlement fiscal. À chaque appel la même ritournelle : une association, ou un groupement d'information, menait une campagne de renseignements sur les nouveaux dispositifs fiscaux permettant d'alléger l'impôt des particuliers. Décrocher, c'était répondre, et répondre, c'était déjà être pris dans les mailles des téléconseillers débitant leur baratin automatisé. Seule parade : raccrocher pour couper le filet. Jusqu'au prochain appel.
Mais ce téléconseiller-là s'y était pris différemment : « Je me doute que je ne suis pas le premier à vous appeler. Je ne voudrais pas que ayez l'impression de répondre à une machine. » Ainsi donc, il y avait parfois un être humain à l'autre bout des lignes délocalisées du téléconseil ? Aussi Claire avait-elle le plus naturellement du monde confirmé son adresse et son statut de célibataire, précisé le montant de ses crédits, sa tranche de revenu et ses placements bancaires. Et accepté un rendez-vous avec un conseiller financier. Le dénommé Nicolas Karmoff la rappellerait dans

trois jours pour confirmer. D'ici là, le week-end passerait, et elle pourrait toujours se raviser. Trois jours après, le conseiller rappela. Mais Claire, allongée sur la table du salon, les mains liées dans le dos, le soutien-gorge découpé en son milieu et la gorge tranchée, n'était plus en mesure de répondre.

Le commandant François Vergès montra sa carte à l'agent qui montait la garde devant l'entrée de l'hôtel de police de Montpellier. Il perçut le regard interrogatif du planton examinant le sésame barré de tricolore. Le collègue du SRPJ local qui l'avait contacté n'avait pas manqué de lui poser la question rituelle : « Vergès ? Comme l'avocat ?... ». Le taciturne enquêteur béarnais avait une réponse toute faite : « C'est vrai qu'on fait un peu le même métier. Sauf que lui les libère et que moi je les piste pour les mettre au trou. »

En croisant les 168 critères référencés dans le fichier Salvac, les enquêteurs héraultais avaient sorti plusieurs concordances entre la scène de crime de l'appartement de Claire et une dizaine d'autres présentant des caractéristiques communes. Même âge et profil des victimes, même rituel criminel. Six dossiers anciens de un à quatre ans étaient déjà l'objet d'une enquête regroupée à Toulouse, depuis peu, sous la direction du commandant Vergès.

À la Crim' de la Ville rose, on ne parlait pas de « cellule » spéciale. L'existence de recoupements entre une série de crimes à l'auteur non identifié avait été soigneusement tenue secrète, et les rares journalistes mis au jus – il y en avait toujours – avaient accepté de retenir leur plume.

Entre eux, les enquêteurs, qui passaient au crible chacun des dossiers, faisaient référence au groupe « Homicides 6-33 ». « 6 » pour le nombre d'affaires attribuées au même tueur. « 33 » pour l'âge moyen des jeunes femmes agressées. Quand François Vergès referma l'album de constatations que lui avait ouvert son collègue montpelliérain, il avait vieilli d'un cadavre et acquis la certitude que son groupe pourrait désormais être rebaptisé « 7-33 ». Claire Dufour, responsable commerciale pour la branche sud d'une multinationale de la cosmétique, était morte à 33 ans et 261 jours. Comme les six autres victimes, elle avait trouvé la mort entre un vendredi et un dimanche, après avoir fait l'objet de violences sexuelles et subi une série de lacérations méticuleusement effectuées et ordonnées, selon le même schéma qui semblait culminer jusqu'à l'égorgement. Comme les six autres, elle avait été trouvée soutien-gorge découpé et posé sur la poitrine mutilée, les mains liées dans le dos, comme exposée sur une table sur laquelle étaient gravés des traits verticaux. Un pour la première. Deux pour la deuxième. Sept pour Claire.

Il venait de passer la sortie de Castelnaudary sur l'A61 quand le numéro du lieutenant Barrère s'afficha sur l'écran de son portable. La voix de son équipier résonna par le haut-parleur à l'intérieur de l'habitacle : « On vient d'être prévenus. Vous allez peut-être faire demi-tour… Il y en a une huitième. À Nîmes. La même scène. Cette fois, on dirait qu'il accélère… »

LE DOSSIER

☛ À Montpellier, le commandant Vergès a pu vérifier que Claire Dufour, comme les six victimes précédentes, était une femme « de type caucasien », célibataire, sans enfant, qui habitait seule dans un appartement dont elle était propriétaire, et était née la même année du début de la décennie 1970 que les cinq autres jeunes femmes mises à mort.

☛ Chacune des jeunes femmes a été découverte un bâillon en chiffon dans la bouche. Les faits se sont déroulés dans un créneau horaire estimé entre 16 h et 21 h. Aucune trace d'effraction n'est relevée. Les victimes ont donc probablement ouvert volontairement à leur agresseur.

☛ Les lésions constatées lors des autopsies établissent que toutes ont subi des pénétrations vaginales. Mais aucune trace d'ADN ni d'empreinte digitale n'a pu être relevée sur la scène de crime que le tueur a soigneusement nettoyée. Les lésions de pénétration ont donc pu être effectuées au moyen d'un instrument.

☛ Quelques variations sont cependant observées. Deux types de blessures sont distinguées sur le corps des victimes. Les premières sont peu profondes et ont été portées sur les joues et le bas du cou. Les secondes sont des lacérations plus invasives, voire des mutilations de la poitrine. L'examen des contours indique qu'elles ont été portées *post mortem*.

☛ La première victime a été tuée quatre ans auparavant. La deuxième et la troisième ont suivi à dix et neuf mois d'intervalle. Treize mois se sont ensuite écoulés avant que la quatrième ne soit découverte. La cinquième six mois après. Puis les délais de réitération se resserrent : trois mois avant la sixième victime, deux mois avant l'assassinat de Claire et trois semaines au plus avant la huitième victime. Le lieutenant Barrère a observé que toutes habitent dans des métropoles directement desservies par une autoroute. Ce qui accrédite la thèse d'un tueur itinérant, mais cadre mal avec la connaissance des situations personnelles des victimes.

☛ Le profil dressé par une analyse psychocriminelle décrit un homme de race blanche qui cherche à s'assurer une position de contrôle absolue sur ses victimes au travers d'un rituel progressif et codifié, culminant avec l'égorgement. Les mutilations peuvent être interprétées comme un moyen de maintenir sa domination sur la victime après la mort de celle-ci. La pulsion sexuelle est présente chez un auteur possiblement affecté d'impuissance physique, mais le moteur principal apparaît d'infliger une souffrance à la victime qui peut traduire le besoin de réparer une « blessure narcissique ». L'auteur se vengerait non seulement d'une frustration liée à une impuissance sexuelle, mais surtout d'une position sociale jugée dévalorisante.

☛ Les sept victimes sont des femmes de type caucasien, à l'exception de la huitième qui est, elle, de type afro-antillais. Anne Noémie Vieira est fille d'un père d'origine sénégalaise et d'une mère martiniquaise. Elle porte également des lacérations, moins nombreuses et ordonnées que celles des autres, mais toutes commises *ante mortem*.

☛ Une des victimes avait déposé une main courante pour harcèlement contre un ex-collègue. Mais il est surtout établi que deux d'entre elles, dans leur activité de commerciale, avaient pu être en contact avec une société d'impression qui employait un violeur récidiviste dans le cadre de sa libération conditionnelle. Placé en garde à vue, il nie toute implication. Les alibis, qu'il fournit pour les jours des faits (séance de cinéma pour l'un, présence dans un bar pour l'autre), sont jugés peu solides.

☛ Des surveillances et des écoutes sont mises en place autour des deux suspects. Le commandant Vergès se plonge dans le dossier de la huitième victime. Ce qui l'amène à demander ensuite à deux enquêteurs spécialisés de reprendre et d'élargir au moyen d'un logiciel spécialisé l'analyse comparative des communications téléphoniques d'Anne Noémie Vieira puis de toutes les autres victimes, durant les semaines précédant leur mort.

☛ Un suspect, commercial de profession, est interrogé. Les policiers identifient ainsi l'auteur présumé des crimes en série. C'est le profil d'Anne Noémie Vieira qui a permis au commandant Vergès de comprendre comment le tueur sélectionnait ses victimes. La vérité, au fond, était simple comme un coup de fil.

La solution est en page **123**.

LA MORT EN SON RAVIN

LES FAITS

Les phares déchiraient la nuit, léchant la roche nappée de brouillard. Dire que lors des transhumances d'été, le trafic sur la RN9 prenait dans la descente sur Millau la densité d'un métro japonais aux heures de pointe... Bientôt, le viaduc dégorgerait tout ça, disaient-ils dans le *Midi Libre*. En attendant, Jacques Baufert aurait bien apprécié un peu de compagnie et n'avait pas dû croiser plus de deux voitures depuis une heure. La réunion à Montpellier s'était éternisée. Demain celle de Clermont s'annonçait plus tranquille. Si la purée de poix se levait, il dormirait à Marvejol, au pays de la Bête. À l'hôtel où le VRP avait ses habitudes, le patron avait même mis à la carte un menu en l'honneur de la légende du Gévaudan. Marrant tout de même comme les gens aimaient encore se faire peur avec ces histoires de bêtes féroces et de bergères apeurées sur la lande. Et puis, soudain, Jacques Baufert la vit et écrasa la pédale de frein. Surgissant mains tendues dans le halo de lumière et de brume, elle avait l'air d'une héroïne traquée dans un film fantastique de la Hammer. Jacques Baufert ne dormirait pas à Marvejol. Mais il aurait une sacrée histoire à raconter aux collègues.

Sur son lit de l'hôpital de Millau où le VRP l'avait conduite, Adeline Moguez eut un éprouvant récit à faire aux policiers qui recueillirent ses premières déclarations. La femme

présentait plusieurs éraflures et contusions aux mains, au visage et aux jambes. Elle avait aussi un hématome sous l'œil droit, souffrait d'une foulure au poignet et avait de toute évidence subi un important choc psychologique.
Là-haut sur la route, de l'autre côté du parapet défoncé, les secours avaient repéré le véhicule carbonisé à une quarantaine de mètres en contrebas sur un escarpement rocheux. Un corps calciné se trouvait à l'intérieur, figé sur le siège du conducteur. Les manœuvres de remontage du véhicule accidenté se révélèrent particulièrement délicates. Pas autant cependant que les opérations qui suivirent : il fallait désincarcérer le cadavre au moyen de cisailles hydrauliques, tout en préservant, pour les besoins de l'examen médico-légal, un corps fragilisé par la combustion.
Adeline avait alors pu expliquer les circonstances qui avaient fait d'elle une veuve et une véritable miraculée : « Michel a eu un malaise, je n'ai rien pu faire. J'ai essayé mais je n'ai pas pu, je n'ai pas pu… » Le couple, précisa-t-elle, revenait d'un séjour chez des amis à Agde, où s'était tenue une rencontre entre membres du Rotary Club et dont Michel était, chez eux à Rodez, un incontournable pilier.
La nouvelle de la disparition de Michel suscita d'ailleurs quantité d'hommages dans les colonnes et les annonces du quotidien régional. Proches, clients, connaissances, tous déploraient que la mort ait soustrait à leur affection et à leur amitié le meilleur vivant d'entre eux. Propriétaire d'un garage et dirigeant une florissante concession automobile, Michel Moguez était un animateur assidu des

troisièmes mi-temps du Stade Rodez Aveyron (dont il avait été un vaillant avant) et un fidèle des réunions de vétérans, qu'en sa qualité de membre de l'Échansonnerie de Saint-Bourrou il s'appliquait à alimenter copieusement en vins de Marcillac.

Accent rocailleux et bedaine triomphante, Michel Moguez personnifiait en public le bon vivant. Trop pour son médecin qui l'alertait en vain sur les flambées de sa tension artérielle. En dépit de bilans préoccupants, l'homme penchait toujours côté bombance. C'est ce qu'avait spontanément indiqué Adeline aux enquêteurs. De dix ans la cadette de Michel, elle faisait une épouse aussi fine, discrète et réservée que Moguez apparaissait truculent camarade, patron à poigne et mari imposant. Adeline et Michel, c'était, depuis quinze ans, l'antonymie faite couple. Mal assortis pour les uns, complémentaires pour les autres.

En privé, Michel Moguez présentait une autre facette, dont seules de rares amies d'Adeline avaient eu à connaître. La main aussi leste sur sa femme qu'il avait pu avoir la « fourchette » facile sous la mêlée, et le remords aussi spontané que les coups portés. Adeline n'en glissa pas mot aux enquêteurs. Pas plus qu'elle ne l'avait fait au fil des ans passés, lorsqu'elle devait maquiller les bleus et les cocards sous le fard et ses lunettes noires. S'ils l'apprirent finalement, c'est que l'enquête visant à qualifier les causes de la mort de Michel Moguez les conduisit à fouiller la vie du couple jusqu'à reconstituer ses dernières heures.

LE DOSSIER

☛ Adeline explique que, au cours du week-end, Michel s'était plaint d'étourdissements et d'une douleur au côté droit, mais qu'il n'y avait ensuite plus prêté attention. Lors de la descente sur Millau, elle a vu son époux blêmir, se crisper sur le volant et s'effondrer dessus dans une ligne droite. Elle a tenté en vain de redresser le volant. Dans un réflexe, elle a ouvert la porte et s'est projetée dehors.

☛ « Heureusement, précise-t-elle, je venais de détacher ma ceinture pour attraper mon manteau sur le siège arrière, et je ne l'avais pas rattachée. » Adeline a ouvert la porte du siège passager et s'est propulsée hors du véhicule au moment où celui-ci, ayant défoncé le parapet, plongeait vers la pente. Elle est restée sans connaissance un temps indéterminé avant de remonter sur la route et d'attendre que passe une voiture. Les blessures constatées sur la femme, notamment celles des éraflures et des excoriations causées par la roche, sont jugées compatibles avec la chute.

☛ Les analyses médicales réalisées du vivant de son époux confirment chez lui un taux élevé d'hypertension artérielle. Gros mangeur, bon buveur et fumeur régulier, il présentait, comme l'en avait prévenu son médecin, un profil favorisant la survenue d'un accident cardiaque.

☛ Sur un plan financier, le décès de Michel Moguez ne profite que partiellement à Adeline. La majeure partie des biens est léguée à un enfant né d'une précédente union. Adeline bénéficie cependant de l'application d'un contrat d'assurance-vie souscrit dix ans auparavant. Mais, vérifications faites, les primes n'avaient pas fait l'objet d'augmentation significative depuis cinq ans.

☛ L'autopsie est menée en deux temps. Le cadavre calciné est d'abord examiné au moyen d'un scanner. Il est ensuite disséqué. Les deux examens révèlent la présence de plusieurs fractures : des côtes, de la jambe et de l'os hyoïde. Les analyses effectuées sur les échantillons des poumons ne révèlent pas de traces de toxiques.

☛ Des investigations complémentaires sont menées. Les relevés bancaires indiquent que Michel Moguez s'est arrêté pour refaire le plein dans le relais d'une station-service de la N9 à Clermont-l'Hérault. Les enregistrements de vidéosurveillance n'ont pas encore été détruits. On y aperçoit le couple accompagné d'une troisième personne : une femme aux cheveux longs filmée de dos.

☛ Adeline est à nouveau entendue. Elle n'avait pas jugé utile de le préciser : pendant la première partie du voyage, ils avaient pris une autostoppeuse, dont la voiture était tombée en panne, et ils l'avaient déposée à Lodève.

☛ Il y a foule lors des funérailles de Michel Moguez. Les gendarmes se sont faits discrets, mais ils ont établi un poste d'observation à la sortie du cimetière et posté des hommes en civil à l'intérieur. Ils observent qu'une femme aux cheveux courts se tient aux côtés d'Adeline.

☛ L'enquête d'environnement se poursuit, notamment au moyen d'écoutes et d'analyse des factures téléphoniques sur les mois précédant le décès. Ces analyses permettent de recueillir les derniers éléments justifiant deux longues gardes à vue.

☛ La nature criminelle de l'acte avait été établie bien auparavant. Mais seuls les aveux obtenus au terme d'un interrogatoire serré permettent de reconstituer le mode opératoire. Le crime était presque parfait. Il avait juste trébuché sur un os.

La solution est en page **126**.

L'INSUPPORTABLE VÉRITÉ

LES FAITS

Les deux corps reposaient sur le grand lit dans la chambre parentale, à peine caressés par la lumière blanche de ce matin de janvier. Les rayons qui filtraient par les rainures des volets mi-clos donnaient des nuances diaphanes à la peau pâle de l'adolescente aux yeux gelés par la mort. Ce regard fixe et opaque avait comme empli la pièce dès que la mère avait poussé la porte. Il hanterait longtemps encore les nuits de Christiane Mercier.

Les neuf heures étaient largement passées quand Myriam Leslaoui avait entendu tambouriner sur la porte de son pavillon et cru reconnaître la voix affolée de sa voisine. Pour quelqu'un qui n'avait jamais dû lui dire autre chose qu'un bonjour du bout des lèvres, elle ne manquait pas d'air. Dans la rue aux pavillons tranquilles de Houilles, Myriam n'était pas la seule à trouver exagérément fuyants les trois membres de cette famille qui semblaient vivre en vase clos. Rarement un bonjour, jamais un bonsoir. Plus intriguée qu'inquiète, elle avait ouvert et trouvé sa voisine blafarde et pantelante, qui répétait d'un ton saccadé : « Mon mari... Ma fille... On les a tués... »

Christiane n'avait quasiment pas bougé depuis. Elle se tenait prostrée sur le canapé du salon des Leslaoui et répondait par phrases courtes aux questions d'une procédurière de la brigade criminelle dont les collègues ijistes*, revêtus de leurs

* Policiers membres du service de l'Identité judiciaire.

combinaisons blanches réglementaires, avaient investi la maison des Mercier. Christiane avait quitté à 6 h 15 son service de nuit à l'hôpital Paul-Brousse de Villejuif, où elle travaillait en dépit de l'éloignement de son domicile. Elle avait pris comme toujours la ligne 7 et le RER A à Châtelet, puis marché dix minutes environ dans les rues aux trottoirs givrés avant d'arriver chez elle.

Et elle les avait trouvés. Elle avait secoué en vain le corps sans vie de sa fille. Elle se souvenait avoir hoqueté, senti son souffle se couper et ses tempes se gonfler. Elle avait dû perdre brièvement connaissance mais ne se savait plus vraiment combien de temps. Ce dont Christine Mercier était certaine, c'est que, dès qu'elle avait repris connaissance, elle avait couru chez la voisine.

Non, elle n'avait remarqué aucune allée et venue suspecte ces derniers jours. Les Mercier ne sortaient guère et recevaient encore moins. Ils avaient peu d'amis et ne se connaissaient pas d'ennemis. « Mais pourquoi elle, pourquoi eux ? » bredouillait-elle en boucle à la policière qui avait recueilli ses premières déclarations.

La rigidité cadavérique était marquée sur le cadavre de Carine Mercier, 16 ans, et un peu moins sur les membres inférieurs de Claude, 66 ans. Le père avait les mains liées dans le dos avec de la grosse ficelle ménagère, de l'adhésif marron collé sur la bouche et un orifice sanglant sur le côté gauche du crâne. Le corps de Carine était vêtu d'une seule chemise de nuit blanche. Au niveau du sein droit, les deux entrées de projectiles apparaissaient clairement.

Les pieds étaient attachés aux barreaux couleur merisier du lit.
La chambre et le salon avaient été mis sens dessus dessous, comme s'ils avaient fait l'objet d'une fouille sommaire et précipitée : armoire ouverte, vêtements en vrac sur le parquet, tiroirs et coffrets renversés. Dans la salle de bains, le contenu du meuble à pharmacie avait été vidé sur le carrelage. Crime d'un rôdeur ou d'un psychopathe ? Cambriolage qui tourne mal ? Vengeance d'un déséquilibré ? Les ijistes savaient que leurs collègues de la Crim' auraient bientôt la hiérarchie sur le dos, laquelle hiérarchie aurait les journaleux sur le sien, ce qui n'arrangerait rien. L'enquête s'annonçait longue et incertaine mais fut pourtant plutôt rapidement bouclée. Grâce aux indices recueillis par la police technique et scientifique sur la scène de crime, la manifestation de la vérité n'avait pas été longtemps entravée.

LE DOSSIER

☛ La combinaison des signes de rigidité cadavérique et d'un cristallin déjà opacifié sur les yeux de Carine permet de donner une première indication de l'heure de la mort. La différence de progression de la rigidité entre les deux corps s'expliquant par la corpulence plus forte du père, le décès a eu lieu dans la soirée, c'est-à-dire la veille de la découverte des corps.
☛ Lors de l'autopsie, l'étude du bol intestinal permet de confirmer et d'affiner l'estimation : le dernier repas a été pris plus de huit heures avant le décès.

☛ Les légistes extraient trois projectiles de calibre 7,65 du corps des victimes. L'expertise balistique établit qu'ils ont été tirés par la même arme. Ceux qui ont atteint Carine ont été tirés à travers un oreiller posé sur le côté du lit.

☛ L'arme n'a pas été retrouvée. Christiane Mercier indique, par ailleurs, que les bijoux de valeur conservés chez elle ont disparu. Le portefeuille de son époux, retrouvé sur le sol, ne contient plus aucune somme en liquide.

☛ L'examen gynécologique pratiqué sur Carine ne distingue pas de lésions signalant de possibles violences sexuelles, ni de rapports récents. L'absence de l'hymen indique que la victime n'était plus vierge.

☛ L'enquête confirme que Christiane a bien quitté son service de nuit en cancérologie après 6 h 15. Il lui fallait une heure porte à porte pour regagner son domicile. Au lycée où elle est scolarisée, Carine est décrite comme une adolescente réservée, taciturne et à la santé fragile ; elle a multiplié les absences pour raisons médicales depuis le début de l'année. On lui connaît peu de copines et aucun petit ami.

☛ Claude, médecin généraliste retraité, continuait à travailler comme bénévole dans une association d'aide aux toxicomanes. Plusieurs d'entre eux ont eu, à un moment ou à un autre, maille à partir avec la justice.

☛ Dans l'appartement, les enquêteurs relèvent la présence de nombreux ouvrages ésotériques et d'un grand nombre de romans et de livres d'art érotique. L'ordinateur de la victime est saisi pour analyse.

☛ Aucune empreinte digitale autre que celles des membres de la famille n'est relevée sur les lieux. La face plastifiée de l'adhésif ayant servi à bâillonner les victimes a été essuyée ou manipulée avec des gants, car les dactylotechniciens n'y trouvent pas d'empreinte exploitable. Ni la porte ni les fenêtres n'ont subi d'effraction, et l'herbe givrée du jardin devant la maison n'a pas révélé de traces de pas.

☛ La grosse ficelle – qui a servi à lier de façon plutôt lâche les mains de l'homme et à attacher les pieds de la jeune fille – ainsi que l'adhésif, sont envoyés pour expertises au laboratoire d'hématologie de Bordeaux. Les experts parviennent à caractériser deux échantillons d'ADN, dont un mitochondrial. Mais ce n'est pas pour un crime que son possesseur sera poursuivi.

La solution est en page **129**.

MYSTÈRE À LA TRONÇONNEUSE

LES FAITS

Ce n'était plus le temps des haches et des schlittes qui faisaient vivre les hommes avant de leur briser les os. Les scieries avaient fermé en nombre, rattrapées par le « progrès », réduites par la concurrence et reconverties parfois en symbole touristique des métiers et traditions populaires. Mais dans cette vallée vosgienne où l'on maniait la tronçonneuse dès l'âge du premier duvet sur les lèvres, il y avait encore place pour ces hommes aux épaules carrées et au cœur secret.

Michel Schiffer était de ceux-là, qui connaissaient la montagne mieux que leur maison, des ruisseaux qui filaient entre les aulnes et les orties aux hauteurs où la brume et les nuages s'accrochaient dix mois sur douze aux cimes des arbres. Il avait reçu de son père la fierté des forêts de sapins et d'épicéas, ainsi que l'art de désigner l'arbre qu'il fallait abattre, d'estimer d'un coup d'œil son poids de bois, d'évaluer la courbe du tronc et l'angle de l'entaille. Est-ce parce qu'il n'avait pas eu d'enfant que Michel avait dit oui au juge d'application des peines, il y avait quinze ans déjà ? Le tombeur d'arbres était devenu tuteur de mauvaises graines, que la justice envoyait dans la vallée effectuer leurs travaux d'intérêts généraux. Le vert à la place du gris, la montagne plutôt que les barres des cités, la forêt plutôt que la prison et le labeur pour (ré)éducation : sur le papier ça se tenait. Sur les pentes glissantes et sous la pluie glacée, c'était autre chose.

Trop d'écarts, trop d'efforts. Beaucoup craquaient. Mehdi, lui, avait tenu.

Il avait renâclé, s'était rebiffé, s'était abrité derrière les décibels de son baladeur mais, au final, ne s'était pas défilé. Michel avait vite saisi que ce gamin avait quelque chose, qu'il « sentait » l'angle de la coupe, la noblesse du bois et le juste affûtage. Un an après, Mehdi était revenu pour un contrat d'apprentissage. Il avait décroché haut la main son brevet de travaux forestiers. Abattre, étêter, ébrancher, écorcer, débiter, câbler, tracter : le protocole toujours recommencé du métier avait charpenté la volonté de l'ex-gamin des cités. Depuis, Michel n'avait plus changé d'équipier.

Michel et Mehdi partageaient les longues veillées d'hiver, les casse-croûtes et les thermos de café chaud en journée et, parfois même, quand Michel était d'humeur à nocer, les bals du samedi soir. Pas le plus facile. Mehdi n'avait ni le nom ni la tête de la région. Dans la forêt, ça ne faisait pas de différence. Mais pour beaucoup, il restait l'autre, l'étranger, surtout sur les pistes de danse et face aux filles dans les soirées de la vallée. Mehdi avait gardé l'esprit fier et le sang chaud, et Michel n'était pas toujours là pour s'interposer. Un soir, il y avait eu plus que de l'esclandre. Une histoire avec Julie pour qui Mehdi avait toujours eu le béguin. Deux jours plus tard, Michel n'était pas de l'équipe montée éclaircir un massif d'épicéas. Le soir, quand le pandore avait sonné à sa porte, il n'avait eu besoin d'aucun mot pour comprendre qu'un malheur était arrivé.

Les gendarmes de la brigade territoriale de Corcieux avaient été les premiers à intervenir. La bruine qui transperçait la forêt n'avait pas dilué l'aspect du carnage. Ils avaient été appelés par les équipiers de Mehdi. À l'heure de la pause casse-croûte, ceux-ci étaient redescendus dans un abri en contrebas. Mehdi n'avait pas voulu suivre. En remontant, ils disaient l'avoir trouvé.
Le sang maculait le chemin forestier. Le corps de Mehdi gisait sur un talus, couché sur le ventre. Menton posé contre terre, le visage semblait levé vers les arbres. En dessous du menton, le cou était tranché jusqu'à la nuque, et le corps semblait par là s'être vidé... Il n'avait pas été difficile de trouver ce qui avait quasiment décapité Mehdi. La tronçonneuse reposait sur le chemin. À une cinquantaine de mètres du corps.
Quand les techniciens d'identification criminelle (TIC) de la brigade d'Épinal arrivèrent sur la scène, les enquêteurs discutaient déjà de l'ordre des investigations à mener et de la meilleure façon d'identifier celui qui avait fait « ça ».

LE DOSSIER

☛ Dès leur arrivée, les TIC entreprennent de sécuriser la scène de crime. Ils font établir un périmètre et demandent aux premiers enquêteurs sur place d'en sortir, au grand dam de ces derniers.
☛ Un médecin légiste arrive sur les lieux alors qu'ils sont en train de protéger la tronçonneuse et le cadavre de la bruine dense qui menace de faire disparaître les traces. L'engin (l'un de ceux utilisés par l'équipe, le matin) et le corps sont distants de 55 mètres.

☛ Un gendarme surprend un échange entre deux forestiers de l'équipe montée dégager les sentiers. « Les enfoirés, ils l'ont fait » croit-il entendre. Il interroge le témoin qui se fait d'abord évasif. La perspective d'une garde à vue le rend plus loquace. Le samedi précédent, Mehdi avait retrouvé Julie dans un bal à Gérardmer. « Sa Julie, il en était dingue. Ça lui a pas plu de la voir danser avec le Stevie. » Il y avait eu des coups échangés ; même seul contre Stevie et ses frères, Mehdi n'était pas du genre à s'en laisser conter.

☛ Forestier lui aussi, Stevie Gaffier faisait partie de l'équipe embauchée ce matin-là pour dégager les chemins. Comme les autres membres du groupe, il suit les enquêteurs à la brigade de gendarmerie. Interrogé, il confirme l'algarade : « Vous croyez pas que c'est moi qu'ai fait ça ? Mehd', il est trop chtarbé avec cette histoire. Aujourd'hui, moi, je l'ai juste pas calculé. » Le gendarme lui demande pourquoi le col de sa chemise est légèrement ensanglantée. Stevie indique qu'il s'est éraflé le matin avec un éclat de bois. Le vêtement est saisi et placé sous scellé.

☛ Sur place, le jeune légiste tente d'expliquer le scénario criminel. Il y a eu tentative de décapitation. Après quoi, peut-être paniqué, le ou les auteurs a tenté de dissimuler le corps en le traînant sur cinquante mètres, ce qu'indiquent les traces de sang que la pluie n'a pas effacées entre la tronçonneuse et l'endroit de découverte du cadavre.

☛ Les TIC procèdent à l'analyse de la scène de crime : emplacement des traces de sang et des projections de matière. Les projections en étoile sont particulièrement denses autour de la tronçonneuse. Ils relèvent leur direction et se font expliquer le mécanisme de mise en route de fonctionnement et d'arrêt de l'engin, dont le réservoir est vide.

☛ Le lendemain, Michel et Julie sont interrogés à la brigade de Corcieux. Le bûcheron n'était pas au bal et n'avait pas vu Mehdi depuis. Mais il évoque les persiflages, les remarques et les brimades qui faisaient parfois sortir Mehdi de ses gonds.

☛ Julie est en larmes. Elle dit que ce qui arrive est trop horrible et a peur aussi que « tout ça, ce serait un peu de ma faute ». Elle détaille le déroulement de la soirée au bal et les mots échangés entre les protagonistes. On l'interroge sur la nature exacte de sa relation avec la victime : « Mehdi, je l'aimais bien, mais pas pour faire ma vie avec. Je voulais rompre avec lui depuis des semaines. Mais lui, comment dire ? Il pouvait pas comprendre. Il disait que j'étais sa vie. C'est pour ça qu'au bal je me suis mis avec Stevie. Pour qu'il comprenne. Moi, je suis encore trop jeune pour être casée. » Elle livre à l'enquêteur une ultime confidence pour illustrer son propos.

☛ L'autopsie a lieu le lendemain. Elle évalue la pénétration de la lame circulaire, qui n'a pas atteint la moelle épinière. Le rapport provisoire fait par oral aux spécialistes de la police technique concorde avec leurs observations sur les lieux.

☛ Les résultats des analyses menées sur la chemise de Stevie Gaffier finissent de renforcer leur reconstitution du mode opératoire.

La solution est en page **131**.

LA MORT À TROIS

LES FAITS

Posée à équidistance d'un mur autoroutier et d'une voie ferrée désaffectée, l'antique bicoque aux murs lézardés semblait avoir été figée dans une photo usée. Le progrès, la fortune et la rénovation urbaine lui étaient passés à côté comme on évite le regard d'un mendiant quand, sur le chemin du boulot le matin, on est trop pressé pour ne pas regarder ailleurs. Une pièce cuisine, des murs peinture nicotine écaillée. Une table, trois chaises et des chapelets de bouteilles vides. Deux fenêtres grinçantes qui laissaient siffler le froid sur les flancs des vantaux vermoulus. Un escalier étriqué pour monter s'oublier dans la chambre de l'étage. Gérard et Mona vivaient là, ni cachés ni heureux, ni le contraire d'ailleurs. Électricité au rez-de-chaussée et à l'étage, mais chauffage naturel au soleil, été comme hiver. Une baraque en marge, unité de style et de lieu pour un couple de marginaux.

Cette baraque et Mona, c'était tout ce que Gérard tenait de la vie. La première lui avait été léguée par une vieille tante après qu'une mauvaise chute sur un chantier au noir eut mis un terme définitif à son labeur de couvreur. Ça faisait déjà une paille. On pouvait en juger à la hauteur des agglomérats de canettes et de roteuses qui avaient empli le W-C et qui commençaient à envahir le coin cuisine. La seconde lui était proprement tombée dessus devant un comptoir, et ils étaient restés à la colle.

Des maisons et des hommes, Mona en avait connus un tas. Gérard éclusait, comme les autres, et presque autant qu'elle. Il beuglait, comme les autres, et souvent plus fort qu'elle. Mais à la différence des précédents suce-goulots avec qui elle s'était acliquée, Gérard ne la cognait pas. Et puis il y avait Fanch.

Fanch, sa barbe, son gros sac, ses tatouages et ses chiens, qui allaient, venaient, restaient, partaient et s'en revenaient. Fanch, c'était comme leur locataire, sauf qu'il payait toujours en liquides, mousseux ou maltés. Les chiens couchaient dehors, mais lui faisait partie de la famille. Un peu pote, un peu frangin d'infortune. Un peu fils même, du moins quand le trio n'était pas imbibé façon buvard. C'est que la biture, Fanch pouvait parfois l'avoir mauvaise. Aussi, quand les engueulades menaçaient de tourner au grabuge, Gérard et sa Mona montaient trouver refuge et sommeil à l'étage, laissant Fanch maronner sur la vieille banquette élimée.

Un lundi de mars, Gérard débarqua plus tôt qu'à l'habitude au zinc de Simone, demandant un téléphone au lieu de sa mousse habituelle. Il avait passé la nuit dehors puis avait été hébergé par un camarade de bar. Au retour, il avait trouvé la Mona endormie à l'étage. Blanche, froide et prisonnière d'un sommeil éternel. Il ne faisait guère plus de 6 °C dans la bicoque où le médecin examina le corps. La combinaison du froid, de l'alcool et d'une santé précaire ne laissait suspecter d'autres causes de décès que celle d'une mort naturelle. On diagnostiqua un arrêt cardiaque. Mona fut enterrée sans pompe ni cérémonie dans une

tombe payée par les subsides du centre communal d'action sociale.
Gérard regagna sa bicoque et ses bouteilles. Fanch et ses chiens semblaient s'être installés sans envie de repartir. On godaillait entre hommes, pour se souvenir de Mona, pour l'oublier ou pour ne pas y penser. La vie avait repris pour Gérard. Elle ne dura pas. Pas plus de trois mois.
Un lundi de juin, lui aussi, c'est dans le lit du haut qu'on le trouva. L'assistante sociale, qui de loin en loin passait aux nouvelles, était venue ce matin-là lui rapporter des papiers de Mona. La porte n'était pas close, la pièce du bas était déserte. Elle le découvrit à l'étage ; il était allongé, bouche ouverte, torse nu, reposant en travers du paddock et avec une jambe courbée vers le sol. La mort avait frappé deux fois. Une de trop se dirent les policiers qui cette fois furent rapidement saisis d'une information pour en déterminer les causes.
Trois habitants moins deux macchabées. En comptabilité d'enquêteur, la soustraction donne un témoin ou un suspect. Et le profil de Fanch, ils allaient vite s'en apercevoir, se conjuguait au presque ou plus-que-parfait.

LE DOSSIER

☛ Dès l'examen du corps dans la chambre, le légiste appelé par les policiers remarque différentes traces de contusions, bleus et ecchymoses, qui semblent d'ancienneté variables. Le crâne porte notamment une trace de coup. La rigidité n'est pas complètement installée, ce qui laisse penser que le décès est survenu tard la veille ou tôt le matin. Une autopsie est ordonnée.

☛ La maison est en proie à un imposant désordre. Néanmoins, aucun signe manifeste de lutte ou de blessures (meubles renversés, traces de sang) ne peut être mis en évidence.

☛ L'enquête tente de localiser l'occupant régulier des lieux, pour établir sa présence éventuelle dans les jours ou les heures précédant la mort. Ses chiens sont absents. Mais une partie de ses affaires est trouvée dans un sac dans la pièce principale. Ses séjours fréquents ont été signalés lors de l'enquête d'environnement et confirmés par l'assistante sociale qui le croisait parfois lors de visites. Mais son identité demeure inconnue.

☛ Lors de l'autopsie, les diverses traces de coups, d'écorchures et de contusion sont décrites et mesurées. L'examen détermine que celles-ci sont anciennes et très étalées dans le temps. Leur persistance s'explique probablement par l'insuffisance d'hygiène et de soins de Gérard. Aucune blessure défensive n'est relevée sur les mains ou les avant-bras.

☛ Le cuir chevelu est incisé d'une oreille à l'autre, décollé et rabattu sur le visage, puis la boîte crânienne est découpée. L'examen de celle-ci établit la présence d'un hématome sous-dural. L'accumulation de sang entre l'arachnoïde* et la dure-mère** a entraîné la formation d'un caillot de

---

*Membrane fine et molle située sous la dure-mère entourant le cerveau, le cervelet et la moelle épinière.

**Membrane rigide, située sous l'os de la boîte crânienne, qui protège le cerveau et la moelle épinière.

20 grammes. Le cerveau est ensuite disséqué pour des analyses toxicologiques.

☛ Il faut quelques jours pour « loger » Fanch ; il est interpellé lors d'un contrôle d'identité dans la gare d'une ville du département. De son vrai nom Francesco Vilaclara, 52 ans, c'est un ancien légionnaire originaire de Catalogne. Son casier judiciaire fait mention de plusieurs condamnations délictuelles pour vols, voies de fait, outrages à agent, coups et blessures et violences en réunion. Certaines de ces condamnations lui ont valu de courts mais répétés séjours en prison. La plus récente est vieille de sept ans.

☛ Fanch quittait de temps à autre la maison de Gérard et Mona pour se refaire en compagnie d'un autre routard. Les deux acolytes itinérants pratiquaient la mendicité peut-être agrémentée de menus larcins. Le témoignage du second et l'interrogatoire du premier établissent que Fanch était bien présent chez le couple lors des deux décès. Les policiers se font communiquer le rapport du médecin ayant délivré le permis d'inhumer.

☛ L'interrogatoire de Fanch est confié à un procédurier expérimenté et particulièrement roué. L'ex-légionnaire finit par reconnaître sa présence sur les lieux la veille de la découverte du corps. Puis il indique que oui, une dispute enivrée l'a opposé à Gérard. La dispute a viré à l'empoignade : Gérard est tombé et sa tête a heurté un recoin de la table. Mais Fanch assure que l'altercation s'est arrêtée là. Gérard est remonté ensuite se coucher en maugréant, tandis qu'il quittait les lieux avec ses chiens. Fanch est placé en détention provisoire.

☛ Trois scénarios ont donc pu se dérouler dans le huis clos de la vieille bicoque : deux crimes, un crime, deux morts naturelles. Le retour des analyses toxicologiques demandées lors de l'autopsie va livrer la clef de l'énigme. Celle-ci se trouvait en partie dans les amoncellements de bouteilles et de canettes.

La solution est en page **133**.

UNE JALOUSIE EXPLOSIVE

LES FAITS

Sa petite entreprise n'avait pas connu la crise. Et même à l'heure du Net 2.0, le porno fait maison et accessible par tranches gratuites n'avait pas affaibli son empire. Depuis ses débuts dans le business du sexe, Christophe Liam, dit « Chris », avait surfé sur toutes les vagues interdites aux mineurs : le temps des sex-shops, le boom des cassettes vidéo, le X à la télé, la révolution DVD, l'ouverture aux filles de l'Est. Puis donc, sur le Net, avec ses castings en ligne et ses productions aussitôt tournées et aussitôt diffusées. « Du Producteur aux Conso-Mateurs », garantissait la bannière de Liamsex.net.

Mais le coup de génie de Chris avait été de sortir le X de derrière ses rideaux d'embarras pour lui appliquer les règles du marketing de la grande distribution. Avec la chaîne de supermarchés Apollon, Chris avait touché le jackpot. Revues, DVD, vêtements, accessoires, gadgets et sex toys, tout était livrable sous pli discret ou disponible directement dans les rayonnages soignés des magasins de la chaîne, où résonnait une aimable musique d'ascenseur. En déculpabilisant le client, Chris avait déniaisé son chiffre d'affaires. « Le sexe pour tous, tout pour le sexe » : il martelait son slogan avec une gouaille de parvenu gourmand sur les plateaux des talk shows. Les médias appréciaient ce bon client portant beau ses pantalons de cuir et son bronzage

toutes saisons qui, Rolex au poignet et bimbos aux bras, ne se définissait pas moins que comme le visionnaire du X.
Rayon explosion cependant, il n'avait rien vu venir. Le premier engin avait endommagé les portes de ses bureaux parisiens et brisé quelques vitres. Cela avait valu un entrefilet dans les pages locales d'un quotidien parisien. Dans les jours suivants la parution, plusieurs courriers de revendication avaient été reçus, de styles variables et de mobiles différents. Le X suscitait les convoitises. Chris le savait et avait classé l'incident, aux dégâts vite réparés, dans les aléas professionnels d'origine indéterminée.
Quelques mois plus tard, un paquet à l'emballage d'une célèbre maison de chocolats était parvenu à son domicile privé, luxueuse péniche réaménagée et amarrée sur la Marne, à Saint-Maur-des-fosses. Le paquet était accompagné d'une carte non signée. Un admirateur ? « Vous n'aurez qu'à les emporter » avait-il proposé à Miranda, qui arrivait pour son ménage quotidien. Avant de partir, l'employée de péniche avait voulu goûter un des chocolats pour la route. L'explosion avait brûlé la femme aux avant-bras et creusé un trou dans le canapé italien en cuir rouge, sur lequel elle avait posé le paquet. « Avec mes compliments » disait la carte que les spécialistes en analyse des documents avaient réussi à reconstituer à partir de fragments éparpillés.
Ce fut ensuite le tour de la Porsche 911, dont le châssis détona sur le parking du restaurant huppé d'un bois parisien. À une poignée de minutes près, s'il n'était pas

re-rentré dans l'établissement pour répondre à un coup de téléphone, Chris se serait trouvé au volant, accompagné d'un autre type de « bombe » à la chevelure blond platine et à la plastique détonante, au moment de l'explosion.

Pendant trente ans d'exercice dans le X, Chris avait collectionné les amis, les jaloux et les emmerdes aussi sûrement que ses actrices enchaînaient les scènes d'« amour ». Pour identifier l'artificier amateur avant qu'il ne récidive, les enquêteurs allaient devoir opérer une plongée dans les archives d'Apollon. Ce qui ne nécessitait pas de visionner les films et les castings, mais d'éplucher les contrats et de passer au crible le courrier de la société, où arrivait chaque semaine une livraison de lettres d'insultes ou d'offres de service, de menaces ou d'admiration.

L'enquête allait mettre fin à la série détonante, démontrant que, si les recettes des bombes se trouvent presque aussi facilement que les films X sur la Toile, les amateurs d'explosions fortes laissent toujours des indices qui n'échappent pas aux professionnels.

LE DOSSIER

☛ Le cratère de l'explosion est situé sous la voiture. Le pouvoir brisant de l'engin était limité. L'effet soufflant de la détonation, qui n'était pas suffisant pour détruire le véhicule, a provoqué un incendie heureusement éteint par des employés, au moyen d'un extincteur, avant que le réservoir ne soit touché.

☛ Les techniciens de la police scientifique, renforcés de spécialistes du Laboratoire central de la préfecture de police, ont passé au crible le périmètre de prélèvement mis en place autour du véhicule. Des fragments d'un mécanisme d'horlogerie dérivé d'une montre électronique ont été identifiés.
☛ L'engin explosif improvisé (EEI), constitué d'un cylindre métallique fermé aux deux extrémités, avait été placé dans un sac en cuir. Des prélèvements effectués par tamponnement sur des débris du sac ont été soumis à une série d'analyses en chromatographie.
☛ Les analyses ont révélé l'utilisation de chlorate de sodium, composé habituel des explosifs de type TATP (triacétone triperoxyde).
☛ L'environnement de l'entrepreneur du X est passé au crible. Lettres et FADET (relevés des appels téléphoniques) viennent compléter les indications de Chris. La rivalité professionnelle est écartée, en dépit de la moralité toute relative du milieu. En revanche, les inimitiés d'ordre privé ne manquent pas. L'enquête a permis d'établir que Chris a eu maille à partir avec trois suspects potentiels :
☛ Le premier suspect est une ancienne actrice, qui a été une de ses concubines passagères et une star très éphémère. Son nouveau petit ami, conciliateur le jour et videur de boîte la nuit, a exigé des dédommagements au nom de celle-ci. Chris ne les a jamais consentis, et la justice ne les a pas accordés.
☛ Le deuxième est un ancien sous-officier quinquagénaire. Il a reconnu, sur une courte séquence diffusée sur

le Net, sa fille de 19 ans dont il n'a plus la garde depuis son divorce. Il a par la suite envoyé des courriers vengeurs au producteur.

☛ Le dernier est un catholique traditionaliste militant antiavortement et antidébauche que Chris avait mouché dans un talk show « sociétal » télévisé de seconde partie de soirée. Depuis, il l'avait pris pour tête de turc dans les prêches de son blog, lequel était en retour régulièrement pris pour cible par des collectifs de « libre-voyeurs ».

☛ À ce stade, la conclusion de l'enquête revient à la police technique et scientifique. Un des indices va permettre en effet de relier l'engin à un des suspects et de sanctionner une tentative de crime qui portait une double empreinte.

La solution est en page **131.**

LA PENDUE DU GARAGE

LES FAITS

« Oh, mais… c'est la voiture de maman ! » Éric Sanchez se figea en entendant le ton réjoui de son fils, tandis qu'ils passaient le portail du pavillon familial. La 206 blanche de Cécile était effectivement toujours garée dans l'allée qui longeait le jardin et menait à la pente vers le garage en sous-sol. « Kevin, attends ! » lança-t-il sèchement au garçon, cartable sur le dos, qui s'était précipité vers la porte. « Attends, je te dis… »

Pour Kevin, c'était la troisième surprise de la journée. La première avait eu lieu à la sortie de l'école quand il s'était retrouvé le dernier à attendre sur le perron aux côtés du directeur. Jamais sa maman n'avait jusque-là manqué de le récupérer après la classe. Infirmière libérale, Cécile se montrait aussi ponctuelle avec ses deux enfants qu'avec ses patients. Mathilde, l'aînée, rentrait seule du collège. Mais Kevin, du haut de ses 7 ans, n'aurait pas su faire seul le chemin jusqu'à la maison en bordure du bourg landais de Peyrehorade.

Cécile ne répondait pas non plus à son téléphone. Le directeur de l'école appela donc le second numéro inscrit en début d'année sur la fiche scolaire. Et pour la première fois, deuxième surprise, ce fut le père qui vint récupérer son fils, soulagé et en fin de compte, ravi. « Eh ben, ça tombe bien finalement, parce qu'aujourd'hui je finissais plus tôt » le rassura Éric.

La présence de la 206 devant le pavillon familial avait constitué la troisième surprise. Six mois déjà que Cécile et Éric Sanchez n'habitaient plus ensemble. D'un côté, c'était bien, avait pensé Kevin : papa n'avait plus de raisons de crier très fort, et maman ne pleurait plus en se cachant dans la salle de bains. Et puis lui et sa sœur avaient une chouette chambre dans l'appartement où maman habitait en attendant qu'elle et papa ne soient plus fâchés. Mais quand même, cela faisait longtemps à la fin, et puis ils étaient toujours fâchés. C'est pourquoi, apercevant la voiture de sa mère, Kevin avait filé à tout berzingue vers l'entrée. Parce qu'en fait c'était une super surprise : maman était revenue, et c'est pour ça qu'elle n'avait pas pu venir le chercher à l'école.

« Kevin, je t'ai dit d'a-tten-dre ! » Le gamin stoppa net. Chez son père, ce ton-là ne souffrait pas d'être ignoré. Éric Sanchez lui désigna les trois marches qui montaient à la véranda. « Reste ici et ne bouge pas. Je vais vérifier quelque chose. Tu ne bouges pas, d'accord ? » Ben, qu'est-ce qu'il y avait à vérifier ? Que maman ne s'était pas cachée pour leur faire la surprise ? Et pourquoi papa faisait la tête comme ça ?

Kevin regarda son père descendre la pente cimentée, lever d'une main la porte coulissante du garage à mi-hauteur et se pencher pour entrer dans le local. Il entendit immédiatement un juron à peine étouffé : « Putain, non ! Cécile ! » Il y eut un bruit, comme le raclement du fer traîné sur le sol. Kevin descendit à pas de loup vers la porte. Quand il arriva, son père dépliait son mètre quatre-vingt-quatre, les yeux écarquillés. L'homme redescendit prestement la porte du garage. Pas assez cependant pour empêcher l'enfant d'apercevoir le visage blanchi et les yeux clos de sa mère allongée par terre, et l'éclat vert de la corde attachée à son cou.

Quand le lieutenant Thierry arriva sur les lieux, il fut saisi par la vision de cet homme athlétique assis sur les marches de son pavillon, bras ballants, regard hagard. « Quand j'ai vu que la voiture de mon épouse était encore là, je me suis dit qu'elle avait fait une connerie » dit Éric Sanchez au gendarme qui allait prendre la direction de l'enquête.

Salarié d'une fabrique de liège, Éric Sanchez était connu comme le loup blanc à Peyrehorade. Pompier volontaire depuis ses 18 ans, esprit de fer et corps d'airain, il enchaînait les gardes de chef de groupe, avec l'exigeant entraînement du décathlonien amateur. Au centre sportif où il assurait l'initiation au ju-jitsu, il faisait aussi l'admiration des jeunes qui le surnommaient « Rambo » ou « Iron-Man ». Forte tête ombrageuse mais caractère chaleureux, Éric Sanchez était de tous les événements du comité des fêtes.

Il suivit le lieutenant dans le garage et désigna un tabouret renversé sur le sol. « Quand je l'ai vue, je suis monté dessus pour la décrocher. C'était trop tard… » Des VTT étaient suspendus à des crochets plantés dans le béton du vaste plafond du garage. L'un des crochets n'avait soutenu que la pendue. Une corde en nylon vert, coupée à 50 centimètres environ, y restait attachée. Le cadavre de Cécile était allongé à un mètre sur le côté. Un tronçon de corde verte coupée était posé près d'un escabeau rangé contre le mur. Le médecin de famille intervenu sur les lieux l'avait fait ôter du cou de la victime. « Elle a la nuque brisée. Il y a peu de doute. Elle s'est pendue » souffla-t-il au lieutenant Thierry en saluant de la tête le maire et le lieutenant dirigeant le centre de secours, qui venaient d'arriver à l'entrée du pavillon en compagnie du commandant de la brigade de gendarmerie. Le lieutenant Thierry acquiesça sans mot dire. « Ça docteur, pensa-t-il, ce n'est pas à vous d'en décider... »

LE DOSSIER

☛ Éric et Cécile Sanchez étaient en instance de divorce depuis six mois. Le pompier volontaire est entendu par les gendarmes. Il indique que son épouse est passée, sur l'heure du déjeuner, discuter avec lui de l'organisation des gardes des enfants. Prétextant avoir des papiers à récupérer, elle était restée après qu'il fut retourné à son travail. Éric avait compris en voyant la voiture. Une fois dans le garage, il a grimpé sur un tabouret et a détaché le corps pendu en coupant la corde.

☛ Éric Sanchez a des traces d'arrachement de la peau en forme d'estafilade sur l'avant-bras droit et la main. Il indique que pour détacher le corps de son épouse, le tabouret étant trop petit, il a attrapé un couteau, a enroulé son bras autour de la corde puis l'a coupée.

☛ La voiture de Cécile est examinée. Aucune trace suspecte n'y est relevée. À l'arrière, une mallette contient des prélèvements de sang. Vérification faite, ceux-ci ont été effectués le matin sur un patient cardiaque et soumis à une analyse régulière des taux de prothrombine. L'homme a succombé à une attaque le lendemain des faits.

☛ L'autopsie infirme le constat du médecin de famille : les cervicales n'ont pas été brisées. Néanmoins, l'examen du corps ne permet pas d'infirmer l'ensemble de son diagnostic. L'absence de fracture peut s'expliquer par le peu de hauteur de chute et la faible force de la traction. Aucune trace externe de coups n'est relevée. Seules des crevées (incisions de la peau) font apparaître deux hématomes sous-cutanés au niveau des omoplates.

☛ L'autopsie révèle la présence de mousse dans les poumons qui ne sont qu'à moitié congestifs. Des pétéchies (taches hémorragiques) sont localisées à l'intérieur des lèvres. Elles sont usuellement signes d'asphyxie, indique par oral le légiste de l'institut médico-légal de Toulouse. Mais le rapport reçu par l'enquêteur se montre bien plus circonspect et n'exclut aucune hypothèse.

☛ L'examen anatomo-pathologique du cou établit la présence d'un sillon de strangulation qui paraît sec. Des précisions et demandes d'interprétation sont requises oralement par les enquêteurs. Mais aucune conclusion plus tranchée n'est apportée. Le rapport final, rendu trois mois après les faits, laisse toutes les portes ouvertes.

☛ L'enquête d'environnement dresse de la victime le portrait d'une mère attentionnée et d'une professionnelle extrêmement consciencieuse et appréciée. Les qualités professionnelles et l'engagement d'Éric sont tout aussi loués. Mais sa personnalité apparaît plus tendue. Éric s'en explique par le stress lié à son activité de pompier. Les gendarmes apprennent que, quatre mois avant la séparation, Cécile avait été frappée à plusieurs reprises par son époux. Elle n'avait cependant jamais porté plainte. Sa meilleure amie indique qu'elle allait refaire sa vie et parlait même d'avoir un enfant avec son nouveau conjoint.

☛ Dans le bourg et aux alentours, les camps sont clairement établis. D'un côté, ceux, majoritaires, qui soutiennent l'époux éploré. De l'autre, ceux qui ne peuvent croire que sa défunte femme s'est suicidée. Ceux-là sont moins nombreux mais influents, Cécile étant la nièce d'un conseiller général, ce que n'ignore ni le parquet ni la hiérarchie de la gendarmerie.

☛ Le lieutenant Thierry interroge des officiers formateurs des sapeurs-pompiers. Les questions portent notamment sur l'entraînement, les grades et les méthodes de relevage des blessés et des pendus. Six mois passent.

☛ Alors que le dossier semblait bouclé, il est soudain rouvert par le placement en garde à vue d'Éric Sanchez. Aux premières heures d'interrogatoire, celui-ci se montre, comme à son habitude, sûr de lui. Plusieurs éléments ont fondé la conviction des enquêteurs. Lesquels ? Et ceux-ci déboucheront-ils sur des aveux crédibles et circonstanciés du suspect ?

La solution est en page **136**.

DE LA BOÎTE À LA FOSSE

LES FAITS

La forêt de Meudon est belle quand vient l'automne et qu'elle se pare d'infinies nuances de roux et d'ambre. C'est ce que se disaient Guillaume et Agnès Desartes, retraités de l'Éducation nationale, chaque fois qu'ils partaient pour leurs longues promenades sur les sentiers de randonnée. Les considérations, qu'ils échangeaient chemin faisant sur les prodiges esthétiques de la nature étaient étrangères à Safran. Mais le berger allemand n'en appréciait pas moins que ses maîtres ces balades automnales qui lui permettaient de folâtrer à loisir, museau au vent, dans les sous-bois tapissés de feuilles dorées.

Par un matin ensoleillé d'octobre, la promenade tourna vite court quand Safran marqua l'arrêt au détour du sentier. Truffe au ras du sol, il partit en zigzag, s'enfonça sur quelques mètres dans le taillis sous futaie et se mit à creuser frénétiquement la terre de ses pattes avant. Intrigué, Guillaume s'approcha et entreprit de bêcher le sol de son bâton de randonnée. Un quart d'heure plus tard, ayant gagné à la hâte une zone couverte par le réseau mobile, il composa le 112 et détailla la découverte de Safran au centre opérationnel de la gendarmerie des Hauts-de-Seine.

Il fallut plusieurs heures de travail aux techniciens en identification criminelle (TIC) pour délimiter puis explorer minutieusement la scène d'infraction, procéder aux

prélèvements et, bien sûr, exhumer le contenu de la fosse, tout en préservant celle-ci. Creusée en carré et profonde de moins de 1 mètre, la fosse présentait des coupes de longueur et direction inégales de part et d'autre. À côté de quatre sacs poubelles en plastique éventrés, les TIC trouvèrent un pantalon de couleur noire. Des quatre sacs, ils retirèrent les restes de quatre membres : deux bras et deux jambes réduites aux os sur lesquels n'étaient plus guère attachés que de rares restes de téguments. Les prélèvements des larves présentes dans la fosse furent complétés par une trentaine de carottage. L'ensemble des scellés prit la direction de la division Identification humaine, à l'Institut de recherche criminelle de la gendarmerie à Rosny-sous-Bois. Les larves furent confiées au département Entomologie, les os des bras et des jambes au département Anthrophologie, les téguments au département Biologie.
Les anthropologues établirent rapidement un profil de la victime, plus exactement une estimation de sa taille et de son poids. L'homme, car il s'agissait d'un homme, était massif mais de taille modeste et ne mesurait pas plus de 1,70 mètres. Les experts en biologie parvinrent à établir un profil génétique. Inconnu au Fichier national des empreintes génétiques.
Les rétrocalculs effectués par les entomologistes sur les quelques larves retrouvées à proximité des débris humains firent remonter la date de ponte à cinq ou six semaines. Mais la correspondance avec la date de décès était jugée incertaine : le corps découpé avait été déplacé et avait donc très bien pu être conservé plusieurs jours avant d'être enterré. Ces données

furent comparées aux fiches des disparus inscrits sous X au Fichier des personnes recherchées. Le travail de recoupement ouvrit rapidement une piste : celle d'un homme, dont la disparition avait été signalée, un peu plus de deux mois auparavant, au commissariat de Saint-Ouen par ses deux associés.
Les vérifications effectuées par les policiers n'avaient alors pas permis d'établir les motifs de la disparition de Noureddine El-Douadi. Mais le profil de cet homme rendait cette disparition assez suspecte pour être considérée comme inquiétante. En quelques années, Noureddine El-Douadi s'était fait un nom dans le monde de la nuit. Pas évident quand on est né dans les tours de la cité du Luth à Gennevilliers, qu'on a grandi avec une mère devenue célibataire et quatre frères à élever dans une cité plus enclavée encore que celles du 9-3 voisin et qu'on a fréquenté la justice pour mineurs dès l'âge de 13 ans.
Vingt et une années plus tard, El-Douadi s'imposait comme une des nouvelles coqueluches de la *night*. Self-made man des cités, il n'était pas précisément de ces chefs d'entreprise que les ministères donnent périodiquement en exemple médiatique de l'intégration. L'homme avait ouvert le *West Coast* avec deux amis de cité et d'adolescence, qui ne l'avaient pas quitté au fil de son ascension. Ceux-là même qui avaient signalé sa disparition. Le *West Coast*, où se produisait la crème de la scène hip-hop, ne désemplissait pas, attirant sur l'ancienne zone industrielle de Saint-Ouen une clientèle hétéroclite qui mêlait nouvelle vague de la jet-set, night-clubbers impénitents, jeunes lookés « caillera » et lascars des cités débarquant en bande dans leurs coupés sport aux vitres fumées.

L'enquête allait établir que c'était bien Noureddine El-Douadi qui avait été « fumé » et découpé. Deux semaines après, d'autres promeneurs trouvèrent dans un autre bois une autre fosse, d'où fut extrait un torse humain. Seule la tête de la victime ne fut jamais découverte.

LE DOSSIER

☛ Noureddine El-Douadi ne figure pas au Fichier national des empreintes génétiques. Pour établir une comparaison avec l'ADN des restes humains, les gendarmes chargés de l'enquête pour homicide saisissent à son domicile une brosse à dent et font établir un profil génétique. Le résultat est positif.

☛ L'étude des membres par les anthropologues de l'IRCGN* ne peut établir les causes de la mort. Elle dégage toutefois sur la coupe du torse une irrégularité susceptible de caractériser l'outil utilisé. Probablement une scie, dont une dent est cassée.

☛ L'étude des coupes de la fosse sur la scène (secondaire) de crime semble indiquer que des individus ont probablement creusé celle-ci avec une force et des outils différents.

☛ Les gendarmes entendent les proches de la victime à commencer par sa compagne, Louisa. Célibataire endurci, noceur et casse-cœur, Noureddine venait de mettre fin à sa relation avec elle. Peu après, Louisa avait appris qu'elle était enceinte. Mais, selon elle, le géniteur ne l'avait jamais

* Institut de Recherche Criminelle de la Gendarmerie Nationale.

plus rappelée. L'enquête s'intéresse aux frères de Louisa : les relevés téléphoniques indiquent qu'ils ont appelé à plusieurs reprises le patron de club dans les semaines précédant sa disparition. Ils sont placés sur écoute.

☛ Les deux dernières personnes à avoir vu Noureddine vivant sont Sami et Lakhdar, ses deux amis d'enfance et associés. Ré-entendus, ils indiquent que, à l'aube d'un vendredi deux mois avant la découverte de la fosse, Noureddine, vêtu ce soir-là d'un costume noir Gucci, les a quittés après une ultime partie de poker, où il avait, comme souvent, gagné gros. Le quatrième joueur, un acteur en vue, avait quitté auparavant les lieux, passablement plumé.

☛ Les enquêteurs se penchent sur les incidents survenus dans et autour du club durant les semaines précédant la disparition. La tâche est longue : les frictions n'étaient pas rares à la sortie de l'établissement où les refoulés se montraient par ailleurs peu philosophes. Le service d'ordre, déjà conséquent, avait d'ailleurs été renforcé peu auparavant, et les gérants songeaient à faire installer des portiques de détection.

☛ Plusieurs incidents sont recensés. À trois reprises, Noureddine est intervenu en personne pour convaincre les amis de perturbateurs expulsés de quitter les lieux. Tâche délicate face à certains caïds à la susceptibilité proportionnelle à leur carrure.

☛ L'un d'eux est facilement identifié : Lamine K. s'était vu refusé l'entrée du *West Coast* après s'y être confronté à des rivaux ou concurrents en « affaires ». Accompagné de plusieurs personnes, il avait proféré des menaces, brandi une arme devant les videurs et menacé de revenir « fumer le boss ». La scène a été filmée par le système de sécurité mais, Noureddine n'ayant pas voulu porter plainte, les bandes n'ont pas été conservées.

☛ Les gendarmes ont peu de mal à le localiser : Lamine K. est en détention préventive, soupçonné d'avoir torturé un dealer dans une cave de sa cité.

☛ Les enquêteurs analysent aussi la comptabilité du club et vérifient les statuts de la société de gestion. Opaque, comme souvent dans ces activités, elle livre cependant plusieurs éléments intéressants. Des perquisitions ont lieu à nouveau au domicile du disparu puis dans d'autres villas. Elles précisent les ingrédients d'une rupture fatale.

La solution est en page **138**.

LA VÉRITÉ CARBONISÉE

LES FAITS

Valentine raccrocha le téléphone et sortit prendre l'air sur la terrasse face à la pinède. Elle avait trop bien perçu les accents de reproches dans la voix d'Alessia. Si elle s'y mettait aussi... Les gens ne changeaient jamais vraiment et, quoiqu'aujourd'hui bien mariée et mère de deux enfants, Alessia continuait de la jalouser sous couvert de lui faire la morale. Comme au temps du lycée puis des bals d'étudiants. « Mais Val, tu n'as plus besoin de séduire... » Pff ! Avait-elle jamais senti ce qu'était que séduire ? Valentine, elle, n'avait pas l'intention d'oublier. Une brise légère fila de par-dessus les vignes de Pessac. Elle ferma la baie à double vitrage et rentra se camper face au miroir.

Elle plissa le nez, pinça les lèvres et fit ses yeux de biche. Sourire. Bertrand ne s'était pas trompé, cette coupe la rafraîchissait. Il fallait vraiment qu'elle le remercie encore. Il avait été si prévenant. Elle alluma une cigarette en même temps que la radio. Le journal de France Bleue Gironde revenait sur les arrestations effectuées après une série d'escroqueries à la fausse qualité, dont avaient été victimes des femmes âgées à leur domicile. Deux d'entre elles avaient été sérieusement agressées. Déprimant et ennuyeux. Ils s'étaient décidément tous donné le mot.

Valentine venait d'éteindre quand la sonnerie retentit. Elle n'attendait personne. Thomas ne devait pas rentrer avant le week-end. S'il rentrait ce week-end... La boîte qu'il dirigeait en Alsace était en pleine restructuration, avec grève à la clef. Marc ? Non, il avait promis de ne pas insister. Ou alors… Elle arriva à la porte et dégagea l'œilleton du judas pour observer le visiteur. De l'autre côté de l'optique, elle ne distingua que les contours déformés d'un immense bouquet de fleur.

Quatre heures plus tard, le chef de groupe des pompiers du SDIS 33 envoyait le message « feu maîtrisé » au standard opérationnel. Au 4e étage de la résidence, un sapeur, appareil respiratoire isolant sur le dos, pénétra dans l'appartement aux murs noircis ruisselant d'eau et de suie. Il ne prêta pas attention au bouquet fossilisé posé sur le meuble de l'entrée, et rejoignit l'équipe qui explorait les lieux.

Au bout d'un couloir, deux portes étaient fermées. En poussant celle qui donnait sur le bureau, le caporal sentit un léger poids opposer une résistance. Le poids du cadavre raidi d'un chat asphyxié. La porte suivante donnait sur une chambre enfumée. Sous les fumées, un lit. Et sur le lit, le corps d'une jeune femme qui de toute évidence n'avait pas été asphyxiée par les émanations de l'incendie. L'ordre partit comme un appel à décaler : « On fait venir les gendarmes. »

L'adjudant-chef Copalin observa de près le cadavre allongé sur le lit. Les photos prises, on retira la couette qui le recouvrait jusqu'à la taille. Au-dessus, le torse et le visage étaient recouverts d'un fin linceul de suie. Au-dessous, la jeune femme avait été dénudée. Mais c'est le cou que fixait le technicien en identification criminelle (TIC). Et la sangle d'attache fermée par un double nœud qui l'entourait sur deux tours. Il avait déjà vu ce type de dispositif.

Un légiste de l'institut médico-légal lui avait expliqué que les rares suicidés qui optaient pour l'autostrangulation donnaient souvent un second tour de nœud, dès lors qu'ils se sentaient perdre connaissance, pour ne pas risquer de relâcher l'étreinte de la sangle. L'adjudant-chef remonta le couloir pour gagner le salon. Les murs de béton avaient été rongés sur deux centimètres. Un TIC finit de gratter une série d'écouvillons sur le sol de la pièce face à la baie vitrée que les pompiers avaient trouvé fermée. Le chef de groupe des pompiers avait tout de suite confié son impression. Il y avait eu plusieurs départs d'incendie. Deux au moins, peut-être trois. Comme le nombre de bouteilles vides retrouvées sur le sol, tordues par la chaleur du feu couvant.
Le gendarme repensa aux traits harmonieux de la victime au cou sanglé. Un cas d'école ou presque. Les candidats au suicide se recrutaient dans tous les âges et toutes les conditions. Même chez les jeunes femmes dans la fleur de l'âge. Même chez les plus gâtées par la nature et la fortune. Mais elles avaient rarement l'idée de se dénuder avant de se donner la mort. Et encore moins souvent l'envie d'optimiser leur chance de passer de vie à trépas en aspergeant de combustible leur appartement pour y mettre le feu...

LE DOSSIER

☛ La baie à double vitrage a résisté aux flammes. Aucune fenêtre n'étant ouverte dans l'appartement, l'incendie s'est limité au salon et à l'entrée sous forme d'un feu couvant dégageant une chaleur intense. Il a rongé les murs et carbonisé jusqu'au bouquet dans l'entrée, sans se propager faute d'oxygène aux autres pièces.

☛ Trois départs de feu sont localisés. Les analyses en chromatographie des prélèvements effectués établissent la présence d'hydrocarbures contenus par les flacons retrouvés sur les lieux ; leur usage est exclusivement réservé aux coiffeurs professionnels.

☛ Hormis de légères ecchymoses aux poignets, l'autopsie ne relève pas de traces de lutte et de contusions. Mais elle constate une facture du larynx.

☛ L'enquête d'environnement établit le profil de la victime. Diplômée d'une école de communication et marketing, Valentine, 33 ans, est une jeune femme active et sportive qui mène des activités de consulting indépendant. Elle est issue d'une famille de la bourgeoisie bordelaise. Son époux, Thomas, dirige les sites d'une compagnie pharmaceutique installée en Alsace où il se trouvait au moment des faits.

☛ L'avant-veille des faits, Valentine assistait à une réunion familiale pour l'anniversaire du fils d'un cousin. Elle y a longuement discuté avec un autre cousin, Bertrand, coiffeur de son état, qui l'a conseillée sur son projet de changement de coiffure. Les FADET (factures d'appels téléphoniques) indiquent qu'il l'a appelée le matin des faits. Or, dans le créneau du crime, Bertrand indique avoir quitté son salon pour faire des courses en ville.

☛ L'examen des FADET et de l'ordinateur révèle aussi que, deux semaines auparavant, elle a renoué, *via* un site communautaire, avec Marc Rousselle, un ancien camarade d'étude qui fut son compagnon. Ils ont échangé plusieurs coups de téléphone. Marc Rousselle est interrogé. Il reconnaît avoir passé une soirée puis une nuit avec elle. Il est marié et travaille comme commercial. Il indique avoir été sur la route le jour des faits. L'alibi est difficilement vérifiable.

☛ Analysant l'étiquette du bouquet rétractée par la chaleur, et les clichés qui en ont été pris, les experts réussissent à reconstituer le nom de la fleuriste. Celle-ci se souvient très bien de l'imposante composition commandée le matin des faits. Des équipes d'enquêteurs vont interroger les coiffeurs installés dans la région. L'un d'eux, coiffeur à domicile ressemble au portrait-robot établi sur les indications de la fleuriste. Christophe, coiffeur à domicile, a bien été contacté par Valentine la veille du crime. Mais il n'avait pu se rendre disponible. De plus, à l'heure des faits, son carnet de rendez-vous attestait qu'il était chez une cliente.

☛ La Carte Bleue et le téléphone de Valentine ont été utilisés après le crime. Les distributeurs de billets où ont eu lieu les retraits n'étaient pas équipés de caméras de surveillance. Mais le téléphone, utilisé avec un autre numéro, est localisé. Il est en possession d'un jeune homme connu pour trafic de stupéfiants qui assure l'avoir reçu d'un « ami ». Celui-ci, toxicomane, est identifié et interrogé. Cet homme jure que l'appareil lui a été vendu par « un gitan » à proximité d'un camp de gens de voyage. Plusieurs interpellations médiatisées y ont été menées dans le cadre de l'enquête sur la série de vols à la fausse qualité contre des femmes isolées.

☛ Plusieurs autres investigations sont menées. Alessia, la vieille amie de Valentine, est longuement entendue. Elle reconnaît que toutes deux étaient en froid. Son époux était un « ex » de la victime. Elle savait que « Val » renouait ponctuellement avec d'anciens camarades et petits amis, et, méfiante, elle le lui avait reproché.

☛ Un gitan, un amant, deux coiffeurs et une amie figurent donc au nombre des suspects. Les gendarmes mènent encore des investigations complémentaires auprès des clientes d'un coiffeur, dans une bibliothèque et sur les relevés des bornes téléphoniques proches des lieux du crime. Ces investigations finissent de confondre le tueur qui avait tenté de maquiller son crime.

La solution est en page **140**.

LE SANG DE LA TERRE

LES FAITS

Au nord des Corbières, des terrasses caillouteuses de Lézignan à la mer de vignes qui s'étend dans les plaines de Narbonne, Le Carignan avait toujours coloré de rouge les paysages. Rouge viticole, rouge paysan, rouge ouvrier. Rouge colère si souvent. Comme celle qui avait fermenté en silence autour de l'opulente propriété de l'Anglais. Elle avait éclaté au cœur de l'hiver, mais avec la brutalité d'un orage de canicule. Trois détonations en guise de coups de tonnerre. Ce soir-là, le rouge avait été mis sans témoin devant les murs épais de l'ancienne bastide. Un rouge porteur de violence et de mort. Un rouge sang.

Les nuages de la discorde avaient commencé à s'amonceler quelques années plus tôt, quand David Greaves avait déménagé femme, bagages et business, abandonnant ainsi la lancinante humidité des crachins londoniens pour l'éclatante sécheresse du soleil languedocien. Pour Christine, son épouse, c'était un retour au pays. Enfant unique d'un entrepreneur héraultais qui avait construit une double fortune dans l'immobilier et le transport, elle se destinait à intégrer la florissante affaire familiale, lorsqu'elle avait rencontré David durant une formation à la *London school of Business and Finance*. Entre la brune mutine et réservée et le jeune trader surdoué et survitaminé, le coup de foudre avait été aussi imparable qu'improbable. Ils s'étaient mariés dans l'année, et l'héritière avait délaissé études et projets professionnels pour mener la vie patachone et dispendieuse commune aux épouses et concubines des petits princes cousus d'or de la City.

David semblait combiner les caractères de deux générations de trader. Séduisant, arrogant et flambeur à la façon des *golden boys* des années 1980. Cérébral, calculateur et performant, comme les analystes surdiplômés qui, désormais, faisaient et défaisaient la loi des marchés. Pendant dix ans, David avait jonglé avec les SWIFT, les SWAT et les stocks, encaissant de mirifiques et mystérieux bonus, dont même Christine n'avait aucune idée précise, mais qui permettaient au couple de mener grand train. Il passait d'une Lamborghini Muira de collection à une Ferrari 360 flambant neuve, changeait sa Rolex pour une Jaeger et débouchait des bouteilles à trois zéro dans leur loft design de South Kensington. Et puis l'âge et l'usure avaient fait leur œuvre. Peut-être aussi les premiers revers d'importance infligés par des marchés insaisissables l'avaient-ils alerté ? David avait proposé à Christine d'entamer une retraite dorée au soleil du Midi, où ils pourraient avec l'aide paternelle faire fructifier ses capitaux dans l'immobilier.

C'est ainsi que le couple avait fait rénover le mas de l'Argentière, une ancienne propriété viticole dont le propriétaire comme tant d'autres avait mis la clef sous la porte. Si David s'était un temps rêvé un destin à la Peter Mayle*,

---

* Écrivain anglais installé en Provence, dont l'un des best-sellers narre la transformation d'un trader égoïste en viticulteur hédoniste.

c'était raté. Le Midi rouge n'est pas la douce Provence. En ces temps de crise où ne poussaient plus que les raisins de la colère, les vieux pressoirs et les charrues rouillaient au soleil devant les portes closes des caves coopératives. L'Anglais, ses 4X4 criards, ses costumes Savile Road et ses trois mots de français avaient fait tache, comme le gros rouge d'antan, dont les producteurs étaient rayés de la carte au rythme exponentiel des subventions à l'arrachage des vignes. Certains spéculaient, d'autres étaient ruinés. Ceux-ci se rappelaient au souvenir des autorités à coups de dynamite sur les transformateurs EDF et de chevrotine sur les cuves des négociants. Dans ce contexte, si les manières de l'ex-trader agaçaient, ses affaires, elles, fâchaient.

Avec le soutien du maire, David avait fait racheter par une société d'investissements domiciliée aux Bahamas la quasi-totalité des terrains viticoles promis à l'arrachage autour de la commune. Le projet prévoyait l'édification d'un complexe de villégiature haut de gamme. Mais aux dernières élections, un maire drapeau rouge avait été élu. Les procédures avaient été gelées. Et depuis, la colère n'avait cessé de croître. D'abord, ce furent des slogans peints sur les murs de la propriété : « Non au ghetto du fric. Oui à la vigne du peuple. » Ensuite, du petit plomb sur son Porsche Cayenne. Enfin, des petits cercueils en carton noir qui arrivaient par la poste. Coïncidence ? On n'entendait plus parler des investisseurs, tandis que les bulldozers avaient quitté le chantier.

Et puis était venu ce soir glacé de janvier. À 23 h 32, les gendarmes avaient été appelés à l'Argentière. « On nous a tiré, on nous a tiré » sanglotait la voix de l'Anglais. Les premiers intervenants de la brigade de Lézignan trouvèrent Christine gisant sur le perron ensanglanté de la bâtisse et David, pull-over maculé, tenant entre ses mains la tête de son épouse. Livide, il eut le temps de leur lâcher « They killed her, they killed her », avant de perdre connaissance.

LE DOSSIER

☛ Christine a été tuée de deux balles au niveau de l'abdomen et du thorax. David, blessé à l'épaule, a été hospitalisé et opéré dans la nuit.

☛ À 8,40 mètres en diagonale du perron et à proximité d'un puisard en réfection, trois étuis (douilles) sont relevés par les techniciens en identification criminelle. L'expertise balistique indiquera qu'ils correspondent à des balles de 7,65. Comme le calibre des deux projectiles retirés du cadavre de Christine à l'autopsie. Le rapport détaille deux orifices d'entrée de forme ovalaire, caractéristique d'une trajectoire oblique.

☛ À l'intérieur de la maison, les TIC ont relevé des traces de sang indiquant un déplacement entre le perron et le salon, où rougeoyaient les dernières braises d'un imposant feu dans la cheminée. Le téléphone était maculé de sang, la clôture entourant la propriété avait, elle, été cisaillée. Et le Porsche Cayenne garé le long de la bastide avait les vitres brisées.

☛ Une balle de 7,65 a été extraite de l'épaule gauche de David, où elle était allée s'encastrer sur la tête de l'humérus. Le chirurgien a noté un orifice d'entrée de forme circulaire et régulière.
☛ Interrogé sur son lit d'hôpital, David déclare en anglais, à sa demande et en présence d'un traducteur, que, vers 23 h environ le soir des faits, Christine a entendu des bruits suspects dans la propriété. « J'étais occupé à travailler ma comptabilité sur l'ordinateur. Je n'avais rien entendu. En revanche, j'ai perçu le bruit de verre brisé venant du coté de la maison. Christine est sortie. Il y a eu deux détonations. J'ai couru dehors. J'ai vu son corps étendu et j'ai été touché. En tombant, j'ai aperçu ensuite une silhouette qui s'enfuyait dans la pénombre. Christine ne bougeait plus, ne répondait pas. Je suis rentré vous appeler. »
☛ L'observation des marques d'éraflures et de l'écrasement de l'étui, ainsi que les formes des stries sur les balles, confirme que les trois projectiles ont bien été tirés par la même arme. L'analyse des tamponnements sur les mains ensanglantées de David pour évaluer la présence de résidus de poudre n'est pas concluante. Le directeur d'enquête se fait communiquer le rapport d'analyse des trajectoires des balles. Une deuxième expertise est sollicitée.
☛ Le père de Christine, Louis Dominguez, indique que sa fille lui avait fait part de ses craintes liées aux menaces et dégradations. Il précise aussi qu'elle avait sollicité ses conseils financiers et juridiques. Il les détaille aux gendarmes.

☛ Louis Dominguez indique encore qu'il avait renoncé à s'associer avec son gendre dans le projet immobilier qui devait pourtant beaucoup à ses conseils et son influence. L'entrepreneur détaille aux enquêteurs les désaccords de gestion qui l'opposaient à son gendre.

☛ Deux semaines avant les faits, Christine était allée porter plainte, après avoir reçu un troisième cercueil en carton par la poste. Le bordereau du colis indique qu'il a été posté de Narbonne. Les enquêteurs établissent une liste d'individus susceptibles d'avoir été en litige avec Greaves. Deux sont des viticulteurs connus pour leur activisme. Trois sont d'anciens exploitants, dont sa société immobilière a racheté les terres.

☛ L'un d'eux, Aimé Vignal, 61 ans, n'a pas été que victime de la chute des cours du vin et des difficultés de la coopérative qui était son unique débouché. Il a aussi perdu gros dans des placements boursiers complexes. Son écriture est comparée à celle du bordereau. Une expertise conclut que ce sont probablement les mêmes. A-t-il pu vouloir se venger de son acheteur, de la bourse ou des deux ?

☛ Deux semaines plus tard, un suspect est placé en garde à vue, et de nouvelles fouilles ont lieu au mas de l'Argentière. Après plusieurs heures d'interrogatoire, le suspect reconnaît les faits.

La solution est en page **143**.

MORT D'UN PRIVÉ

LES FAITS

La désaleuse progressait lentement dans un décor de conte de Noël. De part et d'autre de la route départementale 562, le Haut Var semblait s'être paré d'un manteau de Laponie. Ses paysages blanchis miroitaient sous l'éclatant soleil d'hiver qui régentait seul le ciel matinal. Probablement est-ce pourquoi la tache rouge sang accrocha la lumière et leur regard.

Ils venaient de passer le lac de Saint-Cassien en direction de Fayence, et le flash infos de 7 h 30 avait ouvert sur la polémique qui enflait sur les défaillances d'une Provence paralysée trois jours de rang par les chutes de neige. « Et qu'est-ce qu'ils croient ces Parisiens ? Qu'on va déneiger avec les Canadair ? » La météo ne s'était apaisée que la veille. Comme tous les agents de l'Équipement du département, Bernard et José étaient sur le pont depuis trois jours et deux nuits. Une main sur le volant, Bernard tourna de l'autre la molette du tuner en grommelant et fit crépiter l'autoradio. José, qui attendait les réactions au changement d'entraîneur annoncé à l'OM, songea à protester. Au sortir d'un virage, la route découvrit une portion élargie qui filait en ligne droite. « Attends ! » dit-il à Bernard, « Regarde… ».

Devant, à la droite de la chaussée, une 407 coupé était garée sur une aire de stationnement. De l'angle qu'ils avaient de la cabine, les deux hommes virent que la porte droite était ouverte. Ils arrêtèrent leur engin, descendirent et s'approchèrent en contournant la Peugeot par l'arrière. La large tache de sang glacé s'étalant sur la neige leur apparut avant qu'ils ne distinguent, allongé sur le sol, le corps au crâne éclaté dont elle provenait.

Quelques heures plus tard, les équipes de journalistes venaient se heurter au périmètre de sécurité installé par les enquêteurs. L'identité de la victime n'avait pas été longue à établir et pas beaucoup plus à fuiter. Relayée par l'« urgent » d'une dépêche d'agence, elle s'en était allée affoler les conférences des rédactions, où la victime comptait plus d'un honorable correspondant. Dans la boîte à gants de la 407, les gendarmes de Fayence, arrivés les premiers sur place, avaient trouvé une carte professionnelle de détective privé au nom de Marc-Octave Battisti. Ce qu'apprenant, le parquet de Grasse avait immédiatement confié à l'antenne niçoise du SRPJ le soin de mener l'enquête.

Plusieurs années auparavant, Marc-Octave Battisti, 55 ans, avait été un patron du SRPJ aux méthodes très médiatisées et, pour certaines, hiérarchiquement contestées. Ayant été amené à faire valoir des droits anticipés à la retraite, il avait ensuite fondé une agence d'« intelligence et de renseignements » installée dans des bureaux cossus de la place Magenta. L'enracinement de certains particularismes socioculturels locaux rendait le fonds de commerce remarquablement pérenne. Dans la région, les dossiers économico-judiciaires ne manquaient pas plus que les pin-up en haute saison sur la Promenade des Anglais. Les investigations commerciales et industrielles faisaient tourner l'affaire, et lui permettaient d'entretenir sa notoriété dans des causes moins lucratives mais plus en vue.

À deux reprises, Battisti s'était illustré dans des affaires à la une des journaux. Dans le dossier de l'assassinat d'un richissime businessman italien par son homme à tout faire, il avait retrouvé un témoin dont les déclarations avaient entraîné l'ouverture d'une procédure en révision de la condamnation prononcée. Puis, lors du procès d'une mère accusée d'infanticide, il était venu semer le trouble à la barre, en assurant que l'enfant-victime, dont le corps demeurait introuvable, avait été repéré en Tunisie, pays d'origine de son père, omettant toutefois de joindre la preuve à la parole.

Désormais, Battisti ne sèmerait plus le trouble que dans l'esprit de ses ex-collègues. Il avait été découvert allongé sur le ventre, le corps recouvert d'une fine pellicule de neige et le crâne fracassé par le projectile. Un revolver avait été marqué d'un cavalier* jaune et noir à distance respectable du corps. En dépit du soin apporté aux constatations et de l'enquête menée avec la puissance méthodique d'un rouleau compresseur, le dossier devait longtemps balancer entre doutes et mystère, semblable en cela à la personnalité de la victime. Il avait manqué, dès l'entame, une pièce cruciale : la balle mortelle n'avait pas été retrouvée.

* Balise.

☛ Le cadavre était allongé perpendiculairement au véhicule, face contre sol et les pieds à une distance de 15 centimètres de la roue avant droite. Il n'avait pas été déplacé. Le revolver se trouvait à 1,80 mètres des pieds dans le prolongement du capot. La clef de contact de la 407 était enclenchée et l'autoradio allumé. Le moteur était éteint et le réservoir vide. Une feuille A4 pliée en deux avait été retrouvée sur le tableau de bord. Elle ne comprenait qu'une phrase : « Pardonnez-moi. »

☛ Dans le barillet du revolver, un Manhurin MR73 à canon de 5 ¼ pouces, on découvre deux douilles percutées de calibre 357 magnum. Sur la scène, les enquêteurs constatent que la tête présente un fracas de la boîte crânienne. La balle a été tirée de derrière la tête à la hauteur de l'oreille droite.

☛ À l'autopsie, les légistes localisent l'orifice d'entrée du projectile à l'arrière du crâne et à deux centimètres au-dessus de la protubérance occipitale interne. Le projectile est ressorti par le haut du front. La présence d'ecchymoses est relevée à l'avant du crâne. Le rapport d'autopsie indique qu'elles sont compatibles avec une chute en avant face contre terre de la victime. Le corps, comme le suggéraient les constatations faites sur place, n'a donc pas été déplacé.

☛ Si l'intérieur du crâne a été réduit en bouillie par le passage de la balle, la plaie de pénétration, elle, peut être examinée. Ses contours ne sont pas brûlés. Les cheveux l'entourant, en revanche, le sont légèrement. L'absence de résidus de poudre n'est pas jugée significative en raison de l'exposition prolongée du corps à la neige. L'hypothèse la plus probable est celle d'un tir à bout portant mais non touchant. Deux fragments de balle sont prélevés près de l'orifice de sortie.

☛ Remarié et père de deux enfants de 16 et 25 ans, Marc-Octave Battisti menait une double vie sentimentale. Sa liaison n'était plus un secret pour son épouse Isabelle. Celle-ci explique aux enquêteurs qu'elle l'avait sommé plusieurs fois de rompre et qu'elle avait résolu de prendre un avocat et d'entamer une procédure de séparation.

☛ La maîtresse du défunt est à son tour entendue. Nawal Haddad, 35 ans, est une riche et fraîche veuve d'un homme d'affaires libanais. Cette figure connue de la jet-set niçoise et des casinos de la baie des Anges venait de « prendre ses distances » avec le privé. Elle évoque une liaison « amusante », « intense ». « Mais il attendait trop. Plus qu'il ne pouvait espérer… » dit-elle.

☛ Lors des perquisitions, les enquêteurs saisissent les imprimantes du bureau, ainsi que celle du domicile de Battisti. Les collaborateurs de la victime, un associé et deux secrétaires, sont interrogés. Le premier indique qu'il était « sombre et fatigué » et qu'il buvait de plus en plus lourdement. Plusieurs dossiers n'avaient pas avancé en dépit de l'encaissement d'avances. Les mouvements sur le compte bancaire de l'agence font apparaître des retraits croissants d'importantes sommes en liquide. La comptabilité de l'agence se révèle moins reluisante que sa réputation.

☛ À ce stade, deux hypothèses (suicide ou assassinat) sont toujours ouvertes. Pourquoi l'arme a-t-elle été retrouvée à près de deux mètres du corps ? L'angle de pénétration est caractéristique des exécutions. Parmi les clients de l'agence, plusieurs sociétés, impliquées dans des projets immobiliers contestés en justice, font l'objet d'enquêtes des services de Répression de la délinquance organisée et financière.

☛ L'enquête a aussi établi que Battisti a mené grand train aux côtés de sa maîtresse. Jusqu'à ce qu'il ne puisse plus suivre. En amour et en affaires, Battisti avait d'évidence beaucoup à se faire pardonner. Trop ? Le mot retrouvé sur place et ses difficultés personnelles suggèrent clairement un suicide. D'autant que les premières conclusions balistiques n'écartent pas qu'il ait pu, par un mouvement de contorsionniste, se tirer une balle derrière le crâne.

☛ L'examen histologique* du foie et les analyses toxicologiques ne révèlent ni les lésions caractéristiques d'une consommation aiguë d'alcool ni même les traces d'une consommation récente. Les résultats de deux autres expertises, l'analyse de la lettre, ainsi que celles des éclats de projectiles et des étuis percutés, vont faire pencher la balance de la conviction des enquêteurs.

La solution est en page ***145***.

* Étude microscopique des tissus et des organes.

FALLAIT PAS L'INVITER

LES FAITS

La fête avait duré jusqu'aux premières lueurs du jour. Sacrée pendaison de crémaillère et heureux présage pour le couple qui emménageait dans la petite maison en meulière de cette commune du 9-3 à la mutation sociale accélérée. Depuis des années, les pavillons anciennement ouvriers avaient été investis à tour de bras par des échantillons représentatifs de la planète bobos, intermittents en tête, rejoints ensuite par des cadres aux familles trop nombreuses pour loger à l'intérieur du périphérique parisien. Ce petit voisinage formait une sorte de village dans la ville, comme Antoine et Liliane s'en étaient vite rendus compte. Ceux-ci comptaient d'ailleurs plusieurs couples d'amis dans un rayon de trois rues. Et même les deux voisins les avaient aidés lors de l'emménagement. Autant dire que le soir de la pendaison de crémaillère, le pavillon avait fait le plein.

De l'autre côté du boulevard Lénine, le quartier des Musiciens, sa dalle et ses jeunes tenant les murs, appartenait à un autre monde qu'on côtoyait sans espérer cohabiter. Le soir de la fête, il y avait eu « contact » quand un groupe de jeunes avait tapé l'incruste, l'un d'eux prétextant la connaissance, au lycée, du fils d'un ami d'ami. À minuit, ils avaient été accueillis avec bienveillance. Une heure et quelques blousons visités plus tard, il y avait eu des cris, des

bousculades, des insultes, puis la bande était partie, les plus « chauds » promettant de revenir « niquer leur race » à cette bande de « bâtards », « de bouffons », et à leurs « tepu ». Il avait fallu toute la persuasion débonnaire de Vincent, le voisin *roadie* à la carrure de colosse, pour s'assurer qu'on en reste aux mots. Puis la fête avait repris malgré tout. Liliane, avait un peu trop bu, beaucoup et si bien dansé... au bonheur de ses partenaires du *dance floor* improvisé. François, le voisin qui n'avait déjà pas ménagé sa peine lors du déménagement, n'avait pas boudé son plaisir en se laissant entraîner dans un lascif tango dopé aux bpm* électroniques. Même Vincent, le *roadie* taciturne, avait dansé collé serré. « Lili » avait toujours eu l'alcool sensuel et... oublieux. Le lendemain, elle ne se souvenait plus très bien de sa soirée. Ce qui ne l'empêcha pas de s'atteler à la remise en état des lieux. En milieu d'après-midi, Antoine, régisseur consciencieux, dut partir travailler quelques heures sur le site d'un tournage. À son retour, le pavillon du bonheur était devenu le théâtre du pire des cauchemars.
Antoine avait trouvé sa Lili étendue sur leur lit, jambes et bas-ventre dénudés, les mains crispées sur le drap housse en coton blanc. Son visage immobile, à moitié recouvert par un oreiller, semblait fixer la table de chevet. Le viol faisait peu de doute. Le légiste confirmerait. Dans la cuisine au rez-de-chaussée, le lave-vaisselle était resté ouvert, et une pile d'assiettes était posée sous un placard, lui aussi

* Bpm (battements par minute) : unité de mesure utilisée pour exprimer le tempo de la musique.

ouvert. Elle avait dû être dérangée en plein ménage. La cuisine était au demeurant la seule pièce qu'elle avait eu le temps de nettoyer.

Pour les techniciens de l'Identité judiciaire, la scène de crime ressemblait donc à un casse-tête géant. Des empreintes, il y en avait partout, dans toutes les pièces et sur tous types de supports : sur les verres, sur les poignées de porte, sur la commode de la chambre. Certaines de ces empreintes se révèleraient superposées, et donc inexploitables, d'autres parfaitement nettes et lisibles. Et pour cause : la veille, la moitié du quartier avait défilé dans le pavillon et sur le lieu même du crime puisque, lors de la soirée, les fêtards avaient déposé leurs effets dans la chambre. Les poudres des dactylotechniciens* firent apparaître les boucles caractéristiques, mélanges de sueur et de particules d'épiderme, jusque sur les barreaux en métal nacré du cadre de lit. Au total, cela faisait un sacré paquet de traces et un sacré paquet de suspects. Pourtant, celles du tueur se trouvaient bel et bien dans le lot.

LE DOSSIER

☛ Aucune trace d'effraction n'est relevée. Antoine a d'ailleurs trouvé à son retour la porte d'entrée fermée de l'intérieur. Celle donnant sur le jardin du pavillon était fermée mais non verrouillée.

---

* Policiers ou gendarmes spécialisés dans la recherche et le relevé des traces papillaires.

☛ L'examen gynécologique établit un rapport sexuel ayant eu lieu vraisemblablement dans les heures précédant la découverte du cadavre. L'autopsie confirme que la victime a succombé à une suffocation.

☛ Les prélèvements par écouvillons ne permettent pas d'isoler un ADN autre que celui de la victime. L'agresseur a utilisé un préservatif : un étui déchiré a été retrouvé près du lit.

☛ Les deux voisins sont entendus : Vincent, le *roadie*, est technicien-son de profession et célibataire. François, employé municipal, est père de famille et divorcé. Tous deux étaient de la fête et n'ont rien remarqué d'anormal le lendemain. François précise qu'en fin d'après-midi Lili lui a ramené des sièges qu'il avait prêtés pour la soirée.

☛ D'autres participants à la fête sont entendus. Ils confirment qu'en fin de soirée, Lili, éméchée a dansé à n'en plus finir avec un peu une attitude un peu « allumeuse » ; ils ne relèvent aucun incident. Antoine indique qu'il ne prenait pas ombrage du caractère enjoué et parfois très extraverti de sa compagne.

☛ La petite bande de la cité des Musiciens qui a provoqué un esclandre durant la pendaison de crémaillère est rapidement identifiée. Le plus virulent de la bande est fort défavorablement connu des services et a déjà à son passif quelques condamnations, dont une pour une tentative d'agression sexuelle. Il nie être revenu sur place et indique avoir passé la journée chez un ami.

☛ Pas de traces ADN, pas de témoins. Mais le criminel a commis un oubli qui va faire capoter son impunité. En dépit du nombre de suspects potentiels et de la complexité des traces laissées sur la scène de crime, un indice laissé dans la chambre va permettre d'élucider rapidement le crime et de confondre le coupable.

La solution est en page **147**.

MORT SUR LE ZINC

LES FAITS

Au commissariat d'Aubervilliers, comme dans les écoles ou les services de la ville, de nombreux fonctionnaires auraient aisément reconnu la silhouette et le timbre haut perché de Zineb Houari. Matrone tempéramentale aussi chaleureuse à ses bonnes heures que soupe au lait aux plus mauvaises, elle n'avait jamais laissé à d'autres le soin de régler ses affaires. Quand la chronique de l'immigration voyait souvent les enfants de deuxième génération accomplir les démarches administratives de leurs parents, la maîtresse femme appliquait très exactement le schéma inverse. C'est elle qui, à 65 ans passés, continuait de mener les formalités bureaucratiques et commerciales de la famille, ainsi que celles des deux affaires gérées par ses enfants : l'épicerie du Soleil d'or, ses rayons chargés comme au bazar ; le bar l'Oasis, son zinc antique et astiqué, ses photos de westerns noir et blanc aux murs, ses cartes postales de Kabylie au-dessus du comptoir et ses vieux habitués de l'autre côté. Déjà, du vivant de Hocine, son défunt époux, Zineb Houari avait toujours mené sa barque à son affaire. À Tigzirt comme à Marseille, quand le clan avait dû fuir l'Algérie, puis en Seine-Saint-Denis. Zineb conduisait parfois, fumait à sa guise et causait toujours interminablement. Aussi les policiers du quartier n'avaient-ils pas été surpris que ce soit elle qui fut venue dénoncer une lettre, suivie d'appels de menaces reçus à l'Oasis. « On veut nous faire du chantage ! À nous... » Sur la lettre ne figurait qu'un symbole de tête de mort. Zineb était revenue un matin après qu'un pavé ait été lancé sur la porte vitrée de l'établissement que son fils venait d'ouvrir.

En bordure du centre à l'urbanisme classique d'Aubervilliers, l'Oasis jouxtait une cité dont les ados et les nouveaux caïds respectaient de moins en moins le *modus vivendi* établi tacitement avec les grands frères, jusqu'alors adeptes d'une paix sociale propice à la conduite du « bizness ».

L'Oasis, c'était un de ces rades si incrustés dans l'imagerie urbaine des banlieues populaires que seuls leurs habitués les remarquent encore. Aussi loin du tripot mal famé que des brasseries tape à l'œil et industrieuses. À l'image du carré d'immeubles au cachet morne et à l'âge indéterminé qui l'entourait, le troquet n'avait reflété que sur sa devanture les mutations des habitants et de sa clientèle. Au début des années 1960, Le Balto était devenu Le Sintra. Puis, vingt ans plus tard, quand ses propriétaires portugais étaient repartis finir leurs jours au pays, les Houari l'avaient rebaptisé l'Oasis. Les ans avaient filé tranquillement. La perspective de construction d'un centre commercial géant et d'un cortège de bureaux en bordure du périphérique parisien avait un temps semblé annoncer la fin du troquet. Mais Londres ayant chapardé les JO promis à Paris et à la Seine-Saint-Denis, le projet avait été abandonné. L'Oasis avait continué de servir ses rares habitués.

À la première alerte, Zineb avait rempli une main courante. À la deuxième, le pavé sur la vitre, elle avait porté plainte pour « menaces » et « voies de fait ». Elle fut entendue tout comme Kamel, son fils aîné, gérant de l'Oasis. Tous deux indiquaient que des appels reçus réclamaient une taxe « pour la sécurité ». Les avertissements se voulaient circonstanciés et les exigences clairement affirmées : il fallait douiller et la boucler, sinon, tout sauterait. À la troisième alerte cependant, Zineb n'eut pas le temps de se déplacer jusqu'au commissariat. Il était 0 h 30, quand le permanencier reçut son appel affolé. Elle parlait plus haut encore que d'habitude, la voix haletante, affolée. « Vite, vite ! Il faut aller au bar à l'Oasis… Ils ont dit au téléphone qu'ils allaient tout faire péter… Mon fils Kamel… il est là-bas… »

Peu après, le commissariat était alerté qu'un incendie avait éclaté dans un débit de boisson correspondant à l'adresse de l'Oasis. Les hommes de la brigade des sapeurs-pompiers de Paris (une trentaine de soldats du feu et trois véhicules) étaient sur place. Les policiers ne furent pas longs à les rejoindre. L'intervention rapide des secours permit de circonscrire le sinistre au local du rez-de-chaussée, sans que les flammes n'atteignent les habitations à l'étage. Les pompiers avaient pénétré dans le bar casque sur la tête et lance à la main. La reconnaissance des lieux fut vite menée. Quand ils en ressortirent, ce fut pour informer les policiers qu'ils avaient désormais un cadavre sur les bras.

LE DOSSIER

☛ À leur arrivée sur les lieux, les pompiers ont pris en charge la mère et le frère de Kamel. La première a été incommodée par les émanations de l'incendie. Le second a été brûlé aux mains et aux avant-bras par les flammes. Le récit de Zineb et de Samir Houari relate l'enchaînement suivant : Kamel les a contactés en urgence. Il avait reçu un coup de téléphone du bar que des individus menaçaient de faire sauter, s'il n'apportait pas immédiatement l'argent, en venant seul. Il avait informé sa mère qu'il filait sur place. Un véhicule Renault Espace lui appartenant est en effet retrouvé garé en face du débit de boissons.

☛ Après avoir alerté la police, Zineb et Samir, qui habitent dans le même immeuble, se sont hâtés de rejoindre Kamel en empruntant la voiture de la mère. En arrivant sur place, ils ont trouvé l'Oasis en feu et deviné que Kamel était prisonnier des flammes. C'est en tentant de lui porter secours dans le brasier que Samir avait été brûlé.

☛ Le cadavre de Kamel a été retrouvé derrière le bar. Le corps calciné était couché en chien de fusil, torse replié et bras sur la tête dans une posture de protection. L'analyse de la scène d'infraction est menée par les hommes de l'Identité judiciaire et les spécialistes du Laboratoire central de la préfecture de police (LCPP). Ils déterminent aisément que le départ du feu est situé dans la cave du bar où sont stockées les réserves. Les débris d'une bouteille de gaz sont retrouvés.

☛ Des voisins de l'immeuble en face, interrogés, indiquent qu'ils ont entendu un gros boum. « Comme un énorme pétard » dit l'un. « Pire qu'une voiture qui explose et, par ici, à la Saint Sylvestre, j'en ai entendus… » dit l'autre. Ils ont vu des flammes sortir du bar, sont descendus et ont tenté de porter secours à Samir, blessé.
☛ Kamel, indiquent encore ses proches, se sentait menacé. Depuis que sa mère et lui avaient porté plainte, la tension s'était aggravée, et il dormait régulièrement dans son bar. Il envisageait de retirer sa plainte pour éloigner les menaces. Zineb et Samir désignent les dealers de la cité proche auxquels la famille refusait l'accès à leur bar pour régler leurs affaires. Un fils de Samir a même fait l'objet de vols par une bande de jeunes « sauvageons ».
☛ Les médias relaient l'affaire. Samir et Zineb sont interrogés. Ils accusent les trafiquants et critiquent la police. Les habitants du quartier organisent une marche de protestation. Un quotidien national monte l'affaire en première page, et un éditorial dénonce l'omerta qui règne sur les cités tenues par des mafieux qui n'hésitent plus à faire taire ceux qui les gênent. Sur les forums et les sites d'actualité en ligne, les commentaires se déchaînent. L'impunité des voyous et la surdité de la police aux plaintes des Houari sont particulièrement stigmatisées.
☛ En haut lieu, les développements de l'affaire inquiètent. Le quartier populaire semblable à tant d'autres connaît des problèmes de délinquance et d'incivilités non négligeables. Le trafic de drogue y alimente certes une véritable économie

parallèle. Mais les trafiquants n'étaient jamais passés à l'acte contre des habitants ou des commerçants. Si désormais même les bars modestes du 9-3 commencent à se faire racketter comme dans le Chicago des années 1920...

☛ Les enquêteurs de la brigade criminelle, eux, restent éloignés de ces considérations. Ils déploient le large éventail habituel de l'enquête et poursuivent l'analyse de l'environnement. Celle des FADET (les factures détaillées de téléphone) indique que le domicile de Kamel a effectivement été appelé, mais d'une cabine téléphonique, d'où le numéro de Zineb a également été appelé. Un coup de filet est organisé dans la cité. Plusieurs individus connus ou condamnés pour trafic de stupéfiants sont interpellés. Deux ados, chez lesquels des produits combustibles ainsi qu'un téléphone et un blouson semblables à ceux dérobés au fils de Samir ont été retrouvés, sont interrogés.

☛ Les enquêteurs reçoivent les résultats des analyses effectuées par le laboratoire de chimie du LCPP sur les prélèvements recueillis sur la scène d'incendie. Ils épluchent également la comptabilité du débit de boisson. Le rapport d'autopsie communiqué par l'institut médico-légal de Paris est rendu à son tour. Zineb et Samir sont à nouveau entendus séparément. Les enquêteurs de la brigade criminelle disposent alors des éléments nécessaires pour confondre la bande, trop assurée, à l'origine du sinistre.

La solution est en page **148**.

MUTILATIONS À HUIS CLOS

LES FAITS

Semblables à un procès-verbal, d'une précision clinique et sans fard, les photographies de scènes de crime ont le cachet épuré qui sied à leur fonction : jeter la lumière la plus crue sur la vérité nue des corps. De la haute ou du ruisseau, en smoking ou en marcel, fraîchement occis ou déjà putréfiés, les macchabées racontent au photographe mille et une histoires qui en fin de compte ressassent toujours la même morale : la mort n'est jamais plus belle que la vie.

Et des cadavres, André Cortegini, en douze années d'exercice à l'Identité judiciaire, en avait flashés de tous genres et en tous lieux. Pourtant, en faisant le point sur le visage de la défunte, il songea pour la première fois à ces clichés primés de photojournalisme qui figeaient parfois la douleur et la peur à la manière d'un tableau du Greco. La nuque posée sur un oreiller, elle avait les yeux clos et de longs cheveux geai qui filaient harmonieusement sur le tissu de velours crème. Les bras repliés en croix sur son torse dénudé, le drap de satin blanc rabattu avec soin pour border sa taille : tout dans la silhouette rappelait les lignes des gisants sculptés sur les tombeaux des églises. Il y avait longtemps que l'inspecteur Cortegini n'avait mis les pieds à la messe mais, en appuyant sur l'obturateur, il lui trouva la beauté d'une pietà.

On aurait pu croire qu'elle avait été allongée sur le divan pour être veillée, s'il n'y avait eu, un peu partout dans le luxueux duplex au 4e étage de la Villa Marlène, ces traces rougissant la moquette qui menaient vers la salle de bains de granit anthracite et vers la chambre. Un second corps y avait été découvert sur le lit ensanglanté. La vision d'affliction contrastait avec l'apparence apaisée du premier cadavre. Un policier vêtu de la combinaison blanche réglementaire ressortit de la pièce en hochant la tête. André Cortegini ne put retenir un haut-le-cœur en faisant le point sur le corps nu et supplicié. Quelle furieuse férocité pouvait donc mener un homme à faire subir à un autre pareil calvaire ?

Le photographe comprenait mieux maintenant les sanglots nerveux de la femme en blouse de ménage qu'il avait croisée dans le hall de la résidence cannoise alors que deux collègues féminines tentaient de la réconforter plus que de l'interroger. Chaque lundi et vendredi, Alvira Texeira de Barros ouvrait la porte de David Adelson, dont elle possédait une clef, et remettait de l'ordre dans l'appartement du locataire au sourire d'ange. Le ménage du lundi était souvent particulier. Alvira s'attendait à devoir nettoyer les vestiges des fêtes du week-end : cendriers pleins, vêtements éparpillés et cadavres de bouteille. Mais rien n'aurait pu la préparer ce lundi-là à découvrir le cadavre nu et sauvagement mutilé de monsieur David.

Durant les premiers mois et quasiment à chaque ménage du lundi, Alvira avait découvert le minois d'une nouvelle conquête aux côtés du jeune homme, fils unique d'une riche famille juive de Boston, à qui ni le temps ni l'argent et encore moins le charme n'étaient comptés. Depuis un an pourtant, la seule femme qu'elle croisait occasionnellement était la beauté brune qu'elle avait d'abord cru endormie sur le divan du salon. Maryem Montazeri fut aisément identifiée. On trouva ses papiers dans le sac Lancel en cuir de crocodile rouge au pied du divan. L'Iranienne de 28 ans résidait à Cannes depuis seize mois. Son passeport attestait de fréquents voyages entre Nice et Téhéran. Une belle jeune femme iranienne, un *golden boy* américain et juif au corps supplicié dans un appartement fermé de l'intérieur : le substitut appelé sur les lieux prit rapidement la mesure de la violence du double meurtre, du mystère de sa perpétration et du caractère ultrasensible du dossier. Sur un point au moins, il ne se trompait pas.

LE DOSSIER

☛ Alvira Texeira de Barros assure avoir ouvert la porte fermée à clef pour pénétrer dans l'appartement. Deux jeux de clés sont découverts dans le tiroir d'une commode. L'appartement est passé au crible par les dactylotechniciens. Aucune empreinte digitale autre que celles des deux victimes n'y est relevée. Dans et entre les trois pièces, on identifie deux traces de pas différentes. L'une a été laissée par la femme de ménage dans le sang de David Adelson qui est partout sur la scène. Au bas du lit, un couteau de cuisine de type japonais a été retrouvé ; un tissu de coton ensanglanté entoure le manche et le début de la lame.

☛ L'autopsie de Maryem Montazeri établit qu'elle a succombé à un coup de couteau porté de haut en bas dans le thorax. La lame a pénétré sur une dizaine de centimètres. Elle ne porte aucune trace de défense sur les bras ou les mains.

☛ L'autopsie de David Adelson détaille une longue liste de blessures et de lacérations. Le jeune homme porte des entailles sur la main gauche et l'avant-bras. Deux plaies horizontales portées par arme blanche sont relevées sur l'abdomen. Le torse porte la trace de piqûres. La main droite a été sectionnée au niveau du poignet. L'examen établit que la coupure a été effectuée *ante mortem*. La testicule gauche de la victime a également été sectionnée. Enfin, une entaille profonde est localisée au niveau de la styloïde cubitale qui a presque été sectionnée.

☛ David Adelson a succombé à plusieurs hémorragies. Le coup mortel a été porté au visage, transperçant l'œil gauche. Pour les enquêteurs comme pour le parquet, l'ensemble des constatations amènent à privilégier la thèse d'un crime sadique ou rituel.

☛ L'enquête d'environnement fouille les habitudes des victimes. Elle ne révèle rien d'insolite : pas de fréquentation religieuse établie, aucune affiliation sectaire soupçonnée. Maryem est la fille d'un ancien diplomate iranien reconverti dans l'import-export. Elle a vécu une large partie de sa vie à l'étranger et suit, en dilettante, les cours d'une école de commerce et de management entre Cannes et Nice. La vie nocturne de la Riviera française est, de sa part, l'objet d'une fréquentation plus assidue.

☛ En matière de *night clubbing*, David Adelson la surpasse cependant. Son physique de surfeur, son goût de la fête et ses crédits *no limit* dans les boîtes de la Côte lui valent une réputation établie de noceur, de tombeur et de flambeur.

D'après un de ses amis cependant, David avait changé depuis sa rencontre avec Maryem : il sortait toujours, mais il était « accroc » et même « un peu mystique ».

☛ Dans l'appartement, les policiers ont trouvé des antidépresseurs et plusieurs ordonnances de traitement établies par un psychiatre de la ville. Ils ont saisi également son l'ordinateur dont le contenu est expertisé. Les relevés téléphoniques des deux victimes dans les semaines précédant le meurtre font également l'objet d'une analyse détaillée.

☛ Quatre jours après la découverte des corps, la mère de David Adelson est arrivée de Boston en compagnie d'un avocat. Elle s'est adjointe les services d'un ténor du barreau niçois. Me Paul-Gérard Lomdoux confie aux médias que « pour la famille, David a été l'objet d'un crime sauvage et prémédité ». La piste raciste, estime-t-il, « ne saurait être écartée ».

☛ Le substitut ne s'était pas trompé : l'avancée du dossier est suivie de très près aux cabinets des ministres de l'Intérieur et de la Justice. Fait exceptionnel, les policiers en charge du dossier sollicitent, en complément des analyses effectuées sur place, l'expertise d'un spécialiste en morpho-analyse des traces de sang de la gendarmerie.

☛ Les conclusions corroborent celles de la police. L'analyse de l'ordinateur achève de forger la conviction des enquêteurs. L'enquête apportera finalement à l'inspecteur Cortegini la réponse à sa question. Quel sentiment peut pousser un homme à infliger pareille souffrance ? La haine n'était pas la seule réponse.

La solution est en page **151**.

LA MORT EST SERVIE

LES FAITS

Chez Hubert et Marie-France de Cléry, la tradition était de tradition. Vieille famille française, vieille demeure à l'orée des plaines de la Brie et vieille domestique. Huguette veillait sur l'intendance du château des Moyeaux avec une discrétion et une abnégation jamais prise en défaut depuis que le père de monsieur l'avait admise à son service. C'était bien avant que les premières rides ne viennent creuser leurs sillons sur son visage. En ce vendredi de novembre, au moment de prendre la route pour assister au gala de charité donné à Paris au profit des œuvres françaises de l'ordre de Malte, Marie-France avait à nouveau insisté. Le couple passerait le week-end dans la capitale et ne rentrerait que tard le dimanche suivant. Ils auraient dîné, il ne serait pas nécessaire de les attendre. D'une ténacité toute finistérienne, Huguette ne se ménageait guère ; les ans ne la ménageaient pas non plus, et madame de Cléry s'en inquiétait. Aussi quand la Jaguar fit crisser le gravier devant l'escalier en pierre de taille, Marie-France ne fut-elle pas surprise de voir briller les lumières du vestibule et du petit salon. Huguette, incorrigible, les avait encore attendus. Il faudrait que Marie-France lui demande de souffler un peu. Mais à quoi bon ? Comme d'habitude, Huguette l'écouterait, la rassurerait et n'en ferait rien. Pourtant, Huguette ne les attendait ni dans le salon ni dans le vestibule. Elle ne se trouvait pas plus dans son logement. Cela ne lui ressemblait pas. Pas plus que le fait de laisser la lumière de plus d'une pièce allumée sans raison. Ce soir-là, en réalité, au château des Moyeaux, la tradition avait connu un accroc sanglant. Huguette avait désormais l'éternité en attente pour se ménager. Elle reposait, vêtue de sa blouse de fonction, non sur le lit de son logement aménagé dans les anciennes écuries en contrebas du château, mais près d'un drap posé à même le sol de la buanderie.

La symbolique de cette scène fut immédiatement traduite par le technicien du service local d'Identité judiciaire de Melun, lorsqu'il la découvrit. Les vieux routiers de l'Identité judiciaire savaient qu'un drap étendu sous un cadavre, linceul protecteur et accompagnateur, indiquait quasi immanquablement un geste suicidaire posément et méticuleusement préparé. À l'étage, les hommes du SRPJ recueillaient la déposition des Cléry. Tandis que l'ASPTS* de service faisait crépiter le flash de son numérique, le gestionnaire de scène d'infraction eu rapidement le sentiment d'une incohérence attachée à la configuration des lieux.

Le corps, allongé sur le flanc à même la tomette, était disposé sur un angle de 70° perpendiculairement au drap : les pieds sur le tissu froissé comme s'il avait été piétiné à cet endroit ; les semelles face à un mur de la pièce ; la tête à l'opposé, avec sur la face temporale droite un orifice aux contours de couleur brunâtre et carmin caractéristique.

*Agent spécialisé de la police technique et scientifique.

L'arme qui avait causé cet orifice était marquée par un cavalier**, placé à une trentaine de centimètres de la main de Huguette. On distinguait sur le mur, légèrement à droite de la ligne des pieds, une fine trace en étoile aux contours crénelés. Cette projection de sang se trouvait un peu loin du corps, s'était dit le technicien.
En dépit de l'heure tardive, un légiste était arrivé sur les lieux. L'annonce d'un mort chez les Cléry avait dû faire sonner quelques téléphones assez vite et assez haut dans la hiérarchie judiciaire. Quand le médecin eut achevé un premier examen externe du cadavre, ses premières conclusions amenèrent le policier à penser qu'il lui faudrait revoir sérieusement la théorie du linceul des suicidés. Car si Huguette avait effectivement voulu mettre fin à ses jours en se tirant une balle dans la tête, pourquoi et comment un second projectile avait-il pu l'atteindre au niveau du cœur ?

LE DOSSIER

☛ L'arme utilisée, un revolver Arminius 22LR, appartient à Hubert de Cléry. Elle est habituellement rangée sous clef dans le secrétaire Louis XVI du bureau, retrouvé ouvert.
☛ Aucune trace d'effraction n'est relevée sur les portes du château ou au niveau du portail d'entrée.

** Balise en plastique portant un chiffre ou une lettre et servant à marquer l'emplacement des indices sur une scène d'infraction.

☛ Selon les Cléry, aucun objet n'a été volé, et ils n'ont relevé aucune trace de fouille ou de désordre dans les appartements.

☛ Cependant, ils indiquent qu'à deux reprises cette année, leur domaine avait déjà fait l'objet de cambriolages en leur absence. Ils ont déposé plainte à chaque fois.

☛ Le logement de fonction de Huguette est passé au crible. Celle-ci n'a laissé aucune lettre expliquant son geste. Une pile de courrier ouvert sur la table est saisie pour étude et analyse.

☛ Des tamponnements sont effectués sur les mains de la victime pour relever des traces de particules caractéristiques des résidus de tir.

☛ Les relevés des dactylotechniciens ne permettent d'identifier qu'un seul type d'empreintes digitales sur l'arme. Celles d'Huguette.

☛ L'arme est soumise à des examens complémentaires pour y rechercher d'éventuelles traces de fibres ou d'ADN.

☛ L'autopsie menée à l'institut médico-légal va répondre aux interrogations des enquêteurs, expliquer la scène de crime et permettre de résoudre le mystère.

La solution est en page **153**.

QUAND LES MURS PARLERONT

LES FAITS

Pour la dixième fois de la journée, René referma l'épais dossier cartonné et le replaça derrière les hauts panneaux d'acajou de la chambre de l'Évêque. Il en avait à nouveau parcouru une à une chaque pièce. Dix-huit années de procédures. Les assignations répondaient aux dépôts de plainte, les jugements civils précédaient les demandes de mise sous tutelle, les oppositions côtoyaient les appels et les pourvois. Nourri au grain mauvais des rancœurs et de la convoitise, chacun des actes portait l'écho d'autant de batailles judiciaires, balises de la guerre civile qui déchirait le clan Perloueix.

Cette guerre, René la menait seul depuis bientôt huit ans. Depuis que Micheline avait rendu les armes avec son dernier souffle et que, deux ans après, la Golf du fils avait dérapé dans un virage de trop sur une route en lacets. Les autres, les canailles, devaient jubiler. C'est qu'il ne leur avait pas fallu longtemps pour savoir...

À l'hôpital, le médecin à la bouille de blanc-bec lui en donnait pour trois mois, six au plus. Le crabe progressait vite à son âge. Sûr que les sagouins pouvaient bien croire l'avoir acculé, terrassé à l'usure. Ils se le mettaient dans l'œil, et jusqu'au coude encore. Ils n'auraient rien. Pas une tuile, pas un arbre, pas un hectare. Rien. Ils avaient voulu le voler, le forcer à « partager » son bien. Réparer les torts qu'ils disaient.

Canailles ! Ils ne l'emporteraient pas au paradis. Ça non. Leur part, ils pourraient toujours aller la trouver en enfer.

René enfila son pardessus, coiffa sa casquette, monta ouvrir le portail de La Morleraie et prit la direction de la ville au volant de sa Xantia. Une demi-heure plus tard, il se garait dans une rue du centre et sonnait à l'étude du notaire Tauriac. Il en ressortit rasséréné et conforté dans l'idée qu'il avait enfin trouvé le moyen de faire définitivement échec à ces prédateurs qui étaient nés ses frères.

Aux portes du plateau de Millevaches, sur cette terre de bruyères, de myrtilles et de taiseux, la guerre des Perloueix réveillait les conversations depuis belle lurette. Ce n'était pas la Corse et son imagerie d'inimitiés ancestrales, mais ça en avait parfois des airs de famille. Entre frères.

À son époque, le grand-père Perloueix, un ferronnier qui avait marié la fille d'un paysan aisé, avait fait causer quand il avait racheté La Morleraie. Il profitait alors, déjà, de la succession opaque et précipitée d'un notable de Tulle dont les rejetons, éparpillés par leurs belles carrières, se désintéressaient de cette demeure de caractère. La Morleraie avait été bâtie au début du XIXe siècle par un émigré parti chercher fortune outre-mer et revenu au pays, celle-ci faite. Il y avait fait aménager un bureau et une chambre aux boiseries précieuses, réservée à l'accueil de son frère devenu évêque de Tulle. De là venait l'habitude prise par les cultivateurs de désigner la bâtisse comme le petit château de l'Évêque.

À la mort du vieux Perloueix, le fils Victor avait hérité de la maison et de l'affaire. Pris de boisson et épris de jeu, il avait

vite quasiment coulé la seconde et laissé la première péricliter. Les trois fils avaient été éduqués à l'avenant. Il n'était pas rare d'entendre des coups de feu en provenance du bois de La Morleraie. Père et fils, disait-on dans le pays, se poursuivaient en se tirant dessus à coups de petit plomb. Après avoir gaspillé sa vie, Victor avait saboté son héritage dans une ultime saute d'humeur, laissant la demeure à l'aîné, des terres grevées de servitudes et une entreprise criblée de dettes aux deux autres. Le legs bancal avait constitué le ferment d'une haine de vingt ans entre René et ses deux frères. Associés en affaire et en famille, Paul et Germain avaient monté un négoce de métaux et ferraille et épousé deux sœurs, deux gorgones qui n'avaient eu de cesse de souffler sur les braises de la discorde en poussant les hommes à récupérer leur « dû ».
Aussi quand deux mois après la visite de René chez le notaire, on le découvrit dans La Morleraie, gisant face à la cheminée de la cuisine, le crâne explosé et la cervelle tapissant les tomettes, les gendarmes n'eurent pas à chercher très loin les noms des premiers suspects.

LE DOSSIER

☛ C'est le facteur qui a découvert la scène. Le corps de René Perloueix gît à un mètre de l'âtre qu'entourent deux sièges taillés dans la pierre. Le crâne et une partie de la joue gauche ont été emportés. Les gendarmes appelés sur place ne trouvent aucune arme ni étui de cartouche sur le sol.

☛ La cuisine et les autres pièces de la maison sont inspectées. Aucune trace suspecte n'est repérée. Les dactylotechniciens cherchent en vain des traces d'empreintes digitales autres que celles de René dans la cuisine. Le portail de La Morleraie n'était pas fermé à clef. Une information judiciaire pour homicide est ouverte.

☛ La perquisition dans la maison permet de retrouver les courriers reçus par la victime, et de cerner le litige qui l'opposait à ses frères. La teneur du courrier avait viré à l'échange de menaces. L'un des frères de René accusait celui-ci de multiples dégradations à son domicile.

☛ René a fait établir un testament qui lègue la maison et le terrain de quinze hectares à la commune. Il a adressé une copie de l'acte à ses frères.

☛ Paul et Germain ne cachent pas que la mort de leur frère les arrange. Dans le créneau horaire estimé du décès, durant la soirée de la veille de la découverte du corps, ils n'ont d'autres alibis que ceux donnés par leur épouses. Ces alibis présentent d'ailleurs des incohérences, car l'une des deux épouses affirme que les couples ont passé une partie de la soirée ensemble, ce que les autres n'ont pas précisé.

☛ Les deux hommes et leurs épouses sont placés en garde à vue. Tour à tour mis sous pression, ils demeurent inflexibles. Oui, ils haïssaient leur (beau-)frère qui n'a eu que ce qu'il méritait. Mais ils nient toute implication dans sa mort.

☛ Des tamponnements sont effectués sur leurs mains, et leur vêtements sont saisis pour détecter des traces de poudre. Les analyses menées tardivement n'établissent pas de présence suffisamment significative de résidus de poudre. Si des traces de baryum et de plomb sont décelées sur des vestes en quantité infime, elles peuvent s'expliquer par le fait que les frères sont des chasseurs assidus. Tous deux possèdent une carabine de chasse.

☛ Au terme de la garde à vue, les frères sont remis en liberté. Une surveillance est mise en place lors des obsèques de René. Elle ne permet pas de recueillir d'élément orientant l'enquête. Aucune allée et venue ou déplacement suspect n'a par ailleurs été signalé dans la région du crime.

☛ Des semaines puis des mois passent. Les frères tentent en vain de s'opposer au legs de La Morleraie. Leur téléphone a été placé sous écoute. Le juge d'instruction se montre vite très fataliste. « Dans ce dossier, les murs seuls pourront parler » confie-t-il au directeur d'enquête venu lui dresser le bilan des investigations. Philosophie ou paresse ?

☛ Ils parlent en effet. Deux ans après les faits. Une partie très spécifique du bâti plus précisément. La commune a conservé une vingtaine d'hectares de terrain déclarés constructibles et vendu la demeure à un homme d'affaires hollandais. Celui-ci décide de faire entreprendre des travaux de rénovation. À cette occasion, une découverte élucide le mystère de La Morleraie et désigne l'identité du coupable. Elle souligne aussi l'intérêt qu'il y a à remonter haut et loin dans l'exploration d'une scène de crime.

La solution est en page **155**.

UN CRIME EN REVUE

LES FAITS

Transperçant sans peine les maigres nuages du ciel de Paris, un rayon de soleil effleura la tonnelle verdoyante et vint lécher le visage de l'homme allongé sur la pelouse en pente douce. Lifeng Zhiang ferma les yeux, goûtant le réconfort de la chaleur qui caressait sa joue. Depuis combien de temps n'avait-il plus éprouvé cela ? Le temps qui file doucement, l'harmonie des couleurs et des sons, la sensation de repos et d'apaisement. Une brise légère entreprit de chuchoter à son oreille. Il lui semblait l'entendre faire bruisser les brins d'herbe du gazon. L'air portait des senteurs fleuries et des effluves de la roseraie qu'il avait aperçue en contrebas du parc.

Lifeng Zhiang songea que pour la première fois peut-être depuis son arrivée dans la Ville lumière, il s'y sentait en paix. C'est tout juste s'il distingua le froissement des pas rapides et déliés qui se rapprochaient sur l'escalier du parc. Les pas marquèrent une pause et, immédiatement après, Lifeng sentit une piqûre sur son torse. La piqûre devint brûlure. La brûlure se fit déchirure et pénétra profondément dans sa poitrine. Un liquide tiède et salé reflua vers sa gorge dans un hoquet. Il y eut une autre piqûre et une autre déchirure. Il perçut encore l'écho des cris et des rires d'enfants qui montait du bas du parc où les gamins de Belleville s'égaillaient sous les jets d'eau. Ce fut là le dernier bruit qu'entendit jamais Lifeng Zhiang.

Tel n'était pas le destin que lui avait fait, sept ans auparavant, miroiter la rumeur qui parcourait sans relâche la province du Zheijiang (au sud-est de la Chine) et peignait la France en Eldorado. Depuis des siècles, les quais du port de Wenzhou avaient vu embarquer les coolies qui partaient trimer en silence dans la vieille Europe ou le Nouveau Monde. À la fin des années 1980, les filières s'étaient multipliées. Les plus fortunés partaient en avion de Shanghai ou de Pékin et débarquaient directement à Roissy. Les autres, comme Lifeng, s'engageaient dans un invraisemblable périple en bus, en train, en camion et à pied. Les « canards » (surnom donné aux candidats à l'émigration en raison de leur démarche hésitante) gagnaient la Russie, transitaient ensuite par la Pologne, l'Ukraine ou la Serbie, jouaient tant bien que mal le rôle de faux touristes japonais ou indonésiens avant d'atteindre l'Eldorado hexagonal. Afin de faire partir Lifeng, sa famille avait dû s'engager à verser 14 000 dollars aux *che tou*, les « têtes de serpent », ces trafiquants de matière humaine qui fournissaient faux passeports et faux visas puis qui réceptionnaient la marchandise arrivée au paradis promis.

Pour Lifeng, cinq ans durant, le paradis avait pris la forme d'un appartement aux fenêtres borgnes, où les esclaves modernes enchaînés par leurs dettes se relayaient au rythme des deux-douze derrière les machines à coudre. Passé quelques mois, il eut droit au purgatoire : un deux pièces aux murs lépreux où ils étaient sept à s'entasser dans des lits superposés. Entre les deux, Lifeng ne connut

de Paris que les stations de métro qui reliaient le haut Belleville à l'atelier clandestin du 11e. Manger frugalement. Dormir sommairement. Travailler intensément. Tel était le triptyque de la survie clandestine au paradis.
Et puis il avait rencontré Meï. Meï qui l'avait traîné aux cours d'alphabétisation d'une association d'entraide ; qui lui avait fait remplir des formulaires de régularisation. Meï qui, elle, avait des papiers en règle, et dont le ventre, depuis trois mois, s'arrondissait. Lifeng avait calculé que, après cinq ans à travailler comme une mule en n'empochant que le gîte et un euro de l'heure, la dette contractée par sa famille était remboursée. Il l'avait dit à Zhao. Le gérant n'avait rien promis sinon d'en parler à son tour à monsieur Wong. Mais Lifeng savait comment le convaincre de faire passer le message. Aussi pour la première fois, ce mercredi de juin, il avait marché sans but précis, comme un Parisien dans les rues de Paris, jusqu'à pousser les grilles du parc de Belleville.
Le commandant Claude-Jean Sulem demanda aux techniciens de l'Identité judiciaire d'élargir le périmètre des constatations établi en cercles concentriques autour du cadavre du Chinois. Il vit un des ijistes se pencher derrière un buisson, prélever une revue, l'examiner et la placer dans une enveloppe. Le procédurier de la brigade criminelle venait de recueillir le témoignage du jeune couple qui avait le premier remarqué la coulée rouge sur le tee-shirt de l'homme allongé. Le crime semblait d'emblée atypique. Dans le nord-est parisien, les clandestins chinois étaient devenus les cibles privilégiées des graines de caïds.

Insultes, harcèlement, vols à l'arrachage, parfois assortis de violences, étaient monnaie courante. Pas les meurtres. Ils pouvaient aussi faire les frais de règlements de compte entre gangs de passeurs. Les récalcitrants à la dette ou au racket pouvaient parfois se voir ôter une phalange, et même la vie. Mais pas en plein jour dans un jardin public.

LE DOSSIER

☛ Les hommes de l'Identité judiciaire ont beau avoir quadrillé la scène de crime et exploré les escaliers et les buissons du parc, ils n'ont trouvé aucune arme. Seul un exemplaire de la revue *L'Officiel de la confection*, une publication professionnelle trimestrielle, a été découverte derrière le buisson.

☛ Il n'y a pas de témoin direct du meurtre. La victime a été retrouvée allongée sur le dos. Elle n'était porteuse d'aucune pièce d'identité. On ne retrouve dans une poche qu'une pièce de deux euros et dans l'autre une clef de serrure.

☛ Examinée à la loupe, la revue porte une trace d'estafilade longue de 14 centimètres sur la quatrième de couverture. Elle a été retrouvée derrière un buisson perpendiculaire à l'escalier qui descend le long du parc, à une dizaine de mètres au-dessus de la position du corps.

☛ Le chef du groupe de la brigade criminelle, qui a été saisie par le parquet, fait le point avec son chef de section. Les fonctionnaires de l'Identité judiciaire n'avaient pas achevé leurs constatations sur la scène que leur collègues de la Crim' lançaient l'enquête d'environnement. Le haut du parc est bordé d'une cité HLM dont les allées intérieures sont un haut lieu du trafic de drogue parisien. Dans les jours précédant, plusieurs vols sous la menace d'arme blanche ont été perpétrés dans le secteur. Dans ce qui apparaît comme un règlement de compte, un jeune homme sans profession a été légèrement blessé à l'aine. Hospitalisé, il n'a pas voulu porter plainte.

☛ L'autopsie de la victime est menée à l'institut médico-légal de Paris en présence du procédurier. Elle établit que l'homme a succombé à deux coups mortels portés au thorax. L'un a perforé le poumon gauche. La victime ne porte aucune lésion de défense. Elle a probablement été surprise alors qu'elle était allongée. Les deux blessures présentent deux extrémités asymétriques dont l'une aiguë, caractéristique d'un couteau à un seul tranchant. L'une des deux présente une forme en V, ce qui laisse penser que la lame a pu être tournée une fois enfoncée. Les coups ont été portés de haut en bas avec force, comme l'indiquent la profondeur de la plaie et ses bords nets et réguliers.

☛ Chose rare dans ce type de dossiers, Meï Liu se présente spontanément aux enquêteurs. C'est elle qui identifie le cadavre de Lifeng. Entendue sur procès-verbal, elle indique que Lifeng avait demandé à son employeur d'être relevé de sa dette. Son chef d'atelier évoquait des intérêts non remboursés. Mais Lifeng avait assuré à Meï que tout s'arrangerait. « Sinon je leur parlerai de Xia... » avait-il ajouté sans en dire plus. Le couple envisageait de se marier et d'emménager ensemble dans le studio que Meï partageait encore avec une cousine.

☛ Le chef de groupe réunit ses enquêteurs pour examiner les hypothèses. La brigade criminelle a une mémoire d'éléphant. Le procédurier est le premier à faire le rapprochement entre le témoignage de Meï et un crime non élucidé, qu'il avait déjà traité trois ans auparavant. Le cadavre d'un homme défenestré avait été retrouvé dans une cour d'immeuble. Identifié sous le nom de Xia Yufei, il lui manquait une phalange, et son visage portait des traces de contusion. Son employeur n'était autre que Zhao Mong.

☛ Deux perquisitions sont menées simultanément dans l'atelier de confection et l'appartement du gérant Zaho Mong, 41 ans. Dans l'atelier, des pièces administratives et comptables sont saisies. Dans l'appartement, sur les indications du procédurier, on emporte sous scellé le contenu d'une bibliothèque.

☛ Zhao Mong indique connaître la victime mais affirme qu'elle ne travaillait plus pour lui. Il demande immédiatement la présence d'un avocat, spécialiste du droit du travail et des étrangers. Il jure être étranger au crime et n'avoir rien à ajouter.

☛ Tant les travailleurs clandestins interpellés que les colocataires de la victime gardent le silence. Ils ne savent rien et n'ont rien entendu. Pourtant en passant en revue tous les indices matériels, le procédurier de la brigade criminelle a isolé celui qui va permettre de relier l'assassinat de Lifeng Zhiang à son auteur. Lequel ?

La solution est en page **157**.

LES SOLUTIONS

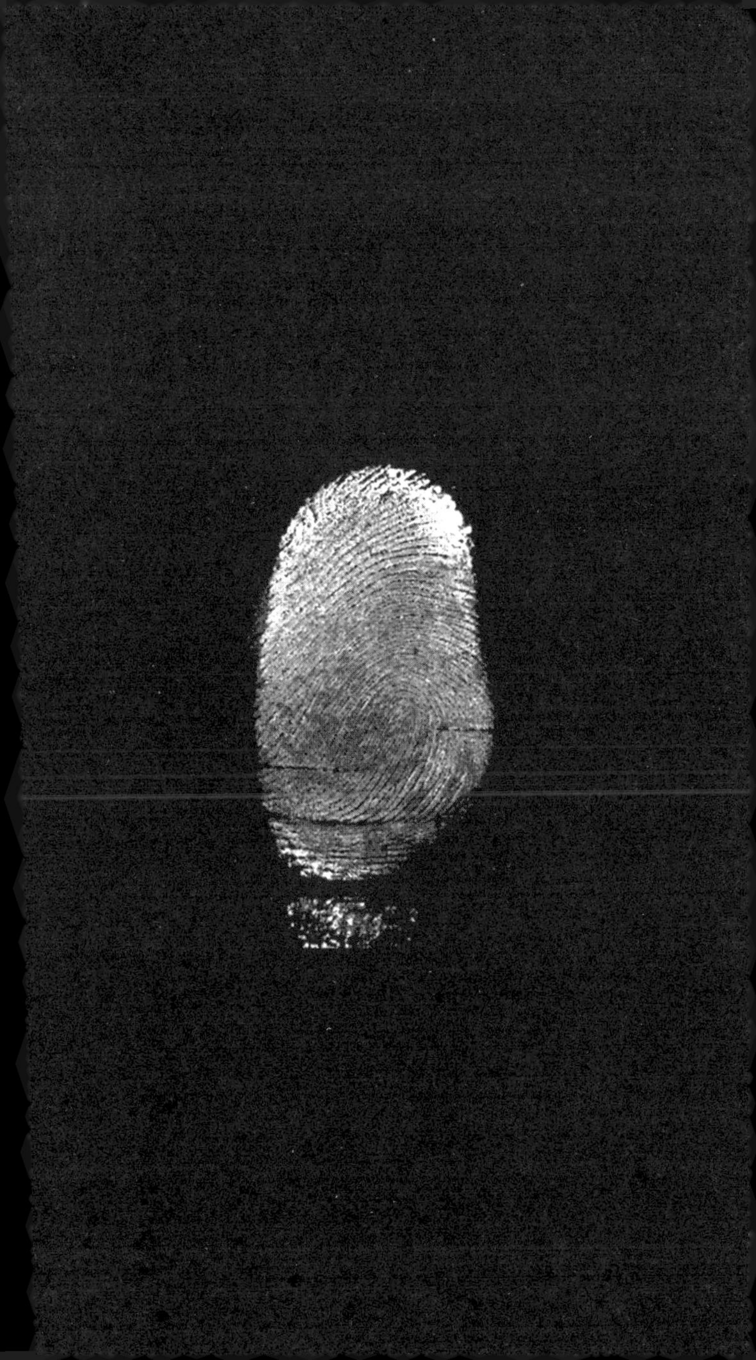

Chienne de mort, p. 6

Les analyses du sang et des organes de la vieille dame, prélevés lors de l'autopsie, ont établi la présence de diatomées. En revanche, aucune n'a été isolée dans le corps du chien qui a également fait l'objet d'analyses. La structure et la composition des diatomées présentes dans le corps de Suzanne ont été comparées à celles isolées dans l'eau du canal. Les mêmes espèces ont été identifiées. L'animal de compagnie a été noyé dans de l'eau de ville, tandis que sa maîtresse a trouvé la mort dans le canal. Cela a confirmé les déclarations des deux suspects qui avouaient avoir, sous l'effet de l'alcool, joué à « laver » le caniche puis à tester sa capacité à respirer sous l'eau. Dès lors, le scénario retenu a mis hors de cause les trois jeunes hommes dans la mort de Suzanne. Lors de la beuverie, le chien a été noyé par jeu dans la baignoire de la victime, ivre et assoupie. Les trois hommes ont abandonné le corps du chien dans le salon avant de mettre les voiles. Trouvant le corps sans vie de son unique compagnon devenu au fil des ans sa seule raison de vivre, Suzanne était partie se suicider en l'emportant avec elle.

FOCUS Police : Ne pas franchir Police : Ne pas franchir Police : Ne pas franchir

Les diatomées

Ces algues microscopiques et unicellulaires au squelette en silice sont les témoins muets de la noyade. Lors de celle-ci, les alvéoles pulmonaires éclatent sous la pression, et les diatomées passent dans le sang et les organes. Les diatomées sont présentes dans toutes les sources d'eau sauf dans l'eau de ville dont elles sont éliminées par les processus de filtration. Leur identification parmi des milliers d'espèces permet de caractériser l'eau et, par comparaison, de déterminer si la noyade s'est produite là où une victime a été retrouvée.

Un crime à plusieurs couches, p. 11

Durant la garde à vue, le plus dur pour les gendarmes ne fut pas d'obtenir des aveux mais d'accorder les versions des trois hommes, chacun assurant que les autres avaient porté les coups. Le temps des vaches maigres était à nouveau revenu pour les occupants du mobile home, habitués du RMI, des petits turbins et abonnés aux trafics en tous genres. Quand Richard M., dit « Ricky », leur avait proposé une série de « boulots » offerts par un « vieux pote » de la région de Valenciennes, ils l'avaient suivi, soutenaient-ils, sans rechigner. Ricky avait de la gueule, de la poigne et un ascendant certain sur les deux hommes et sur Thierry, dont il squattait l'appartement depuis six mois. La nature des « boulots » n'a jamais été vraiment établie avec certitude. Probablement consistaient-ils en de petits trafics de stupéfiants entre la France et la Belgique, toute proche, agrémentés de quelques cambriolages. Pendant une semaine, les trois marginaux avaient vécu en vase clos, passant le plus clair de leur temps à écluser les bouteilles de scotch et à faire tourner les pétards. Alcool + H + ecstasy. Le cocktail avait fait remonter les rancœurs dont l'une fut fatale à Thierry. Une histoire dérisoire : un mot de travers lâché, avant de prendre la route du nord, à la compagne de Ricky. Les trois hommes avaient décidé de le mettre à l'amende. Soumis à la loi du groupe et aux poings de Ricky, Thierry disait que c'était réglo. S'attendant à se faire passer à tabac, il avait enfilé tout ce qu'il trouvait pour amortir les coups. Mais, s'il s'attendait à une « mise aux poings », il n'avait pas prévu que les couteaux seraient aussi de sortie. Dans la forêt, la correction entre potes avait donc viré à la mise à mort. Était-ce sous l'ivresse du sang, sous l'effet de l'alcool et de la drogue, ou le résultat d'une authentique préméditation ? Les jurés d'assises ont opté pour la troisième interprétation.

FOCUS Police : Ne pas franchir Police : Ne pas franchir Police : Ne pas franchir

Identification des véhicules

L'exploitation des indices laissés par un véhicule sur les lieux d'un méfait fournit bien souvent aux enquêteurs de précieuses informations. C'est tout particulièrement le cas des transferts de peinture : elle est spécifique aux séries de véhicule, et les constructeurs conservent les références des caractéristiques des quatre couches qui composent la peinture d'une carrosserie. Leur composition, obtenue après de nombreux tests en laboratoire sur les échantillons recueillis, permet, après comparaison avec la base de données contenant les codes et références des systèmes de peinture, d'identifier une marque, une gamme et une période de construction.

Et pour une bière de trop, p. 16

C'était la mode. Des blousons molletonnés à large capuche entourée de fourrure, les lascars du quartier étaient nombreux à en porter. Quand il était venu acheter de la bière chez Abdel avec ses potes pour faire passer le temps dans les longues soirées au pied de la cité ou dans l'appartement squatté au huitième étage d'une des tours, Moussa était vêtu d'un blouson semblable à celui que porterait l'agresseur d'Abdel. Lui et ses potes ne s'étaient certes pas montrés particulièrement courtois avec le vieil épicier. Quand Abdel avait indiqué qu'ils confondaient les billets de dix et de vingt euros, les insultes, puis les menaces, avaient vite fusé. Mais les torts du jeune homme s'étaient arrêtés là. L'indignation d'Abdel, la ressemblance vestimentaire, la couleur de la peau, l'âge et la taille allaient contribuer à créer une confusion dans son esprit après le choc de l'agression. En se remémorant la scène sous l'effet du traumatisme provoqué par l'agression, Abdel avait calqué sur le souvenir de son agresseur l'image du jeune embrouilleur.

Une cicatrice barrait bien le visage de Moussa, mais pas celui du braqueur, d'une taille par ailleurs proche de celle de Moussa. Les analyses balistiques établirent que l'arme saisie sur l'individu, après l'attaque d'un autre commerce, correspondait bien à la balle prélevée sur les lieux de l'agression d'Abdel. Confronté à cette preuve matérielle, le (vrai) jeune agresseur, finira par reconnaître également le braquage de l'épicerie.

Aussi précis qu'aient été les outils électroniques mis à la disposition des dessinateurs de l'Identité judiciaire, aussi assortie de certitude qu'ait été la description faite par Abdel de son agresseur, l'épisode ne fut ni le premier ni le dernier à rappeler la nature éminemment subjective d'un témoignage humain sujet à de multiples facteurs de variations. Des facteurs physiques liés à l'environnement (éclairage, audition, etc.) influent en effet sur la perception des événements. Des facteurs psychiques jouent également, et notamment le vécu du témoin. Certains chocs psychologiques peuvent entraîner une occultation d'une partie des souvenirs, voire une intégration de détail d'un souvenir sur un autre (une cicatrice dans le cas présent).

FOCUS Police : Ne pas franchir Police : Ne pas franchir Police : Ne pas franchir

L'identification visuelle

Depuis le portrait parlé défini par Alphonse Bertillon à la fin du XIXe siècle puis la technique de recomposition d'un visage par assemblage de photos anthropométriques mise au point par le commissaire Chabot à Lyon au début des années 1950, les techniques de réalisation des portraits-robots ont été considérablement perfectionnées. La richesse des bases de données et la finesse des variations rendues possibles par les outils informatiques permettent des modulations extrêmement précises. Néanmoins, le portrait-robot conduit rarement seul à l'interpellation des criminels. Comme tout indice, c'est un élément dont la valeur probante est confirmée ou infirmée lorsqu'il est croisé avec d'autres éléments établis par l'enquête (mode opératoire, environnement de la victime, etc.).

La huitième victime, p. 22

Nicolas Karmoff fut appréhendé en pyjama à l'heure du laitier dans son pavillon de Suresnes, devant femme et enfants. Le commercial de Luxinvest avait appelé de son portable professionnel les deux dernières victimes, Claire Dufour et Anne Noémie Vieira. La première n'avait pas répondu, mais la conversation avec la seconde avait duré trois minutes quarante, à la veille de sa mort. La jeune femme avait finalement repoussé le rendez-vous de bilan fiscal. Pas son rendez-vous avec le tueur. Mais, à l'heure du crime, Nicolas Karmoff pouvait compter sur une trentaine de témoins qui l'avaient vu assister à la représentation donnée par les élèves de l'atelier théâtre au collège de son fils aîné. Le commandant Vergès ne croyait pas en un duo criminel. Il posa une dernière question à Nicolas Karmoff : « Les statistiques ethniques pourraient-elles être pratiquées pour le compte de Luxinvest ? » Karmoff répondit d'un haussement d'épaules : « Et à quoi cela servirait-il ? » L'argent n'a pas de couleur pour les rabatteurs du capital. Le Béarnais savait qu'en revanche la couleur de la peau oriente l'objet des psychoses des tueurs en série. Il avait compris qu'en rendant visite à sa dernière victime, celui qu'il traquait ignorait qu'elle était noire. Ce qui pouvait expliquer l'absence de lésion sexuelle et une mise à mort plus expéditive. Si ce n'était par la vue qu'il l'avait repérée, contactée et connue, ce pouvait donc être par la voix. Or les quatre dernières victimes avaient reçu un appel du même numéro : le standard d'une société de télémarketing. Celle-là même qui prospectait pour le compte de Luxinvest. Et le même téléconseiller avait présélectionné, après entretien, les deux femmes comme de potentielles clientes du commercial Nicolas Karmoff.

Il s'appelait Patrick Olivier et avait mené de longues études d'histoire, de sciences politiques et de sociologie. Il avait enchaîné les stages et les engagements associatifs, milité sans succès et tenté de percer dans la politique locale d'une commune de la banlieue nord. Lui qui s'était rêvé un destin national pointait à 33 ans au RMI, était hébergé par sa mère et toujours sans liaison amoureuse connue. C'est à cet âge qu'il s'était résigné à prendre un boulot de télémarketing, un peu plus de quatre ans auparavant. Un mois avant la première victime. Un mois après la troisième, il avait été licencié et était retourné chez sa mère. Douze mois plus tard, il avait repris un travail dans une autre boîte de télémarketing. Un mois avant que le tueur ne frappe à nouveau. Son employeur indiqua que Patrick Olivier prenait des libertés avec le protocole de questionnement. Ses statistiques étant très au-dessus du lot, on le laissait toutefois interroger à sa guise. C'est ainsi qu'il repérait ses victimes, sélectionnait leur âge, adresse et profil. Puis il prenait l'autoroute, roulait sans discontinuer et n'en sortait que pour aller tuer. Telle fut du moins la conclusion de l'enquête. Car, quand les policiers se présentèrent chez Patrick Olivier, ils trouvèrent son cadavre pendu au fil du téléphone.

FOCUS Police : Ne pas franchir Police : Ne pas franchir Police : Ne pas franchir Poli

L'analyse criminelle

La traque des tueurs en série a incité les polices, en Amérique du Nord puis en Europe, à mettre la puissance de calcul des outils informatiques au service des rapprochements d'enquête. L'analyse criminelle combine donc l'approche psychologique et comportementale, popularisée au cinéma et dans les séries par les profileurs, avec le traitement informatique des multiples paramètres d'une action criminelle. La France a adopté en 2002 le logiciel Salvac, dérivé du Vicap créé par le FBI. Le crime est passé au crible des 168 questions en dix chapitres qui détaillent les informations liées à la scène de crime et à l'environnement des protagonistes (position d'un cadavre, type de blessures, objets utilisés lors d'une agression, lieux de fréquentation d'une victime, etc.). Le logiciel Anacrim, lui, a été développé par la gendarmerie, qui a spécialisé des analystes en recherche criminelle (également dénommés « anacrims »).

La mort en son ravin, p. 28

Le VRP Jacques Baufert l'avait remarqué : après L'Hospitalet, en hiver, la nuit noire des plateaux du Larzac est rarement troublée par le passage des voitures sur cette portion de route où la méridienne se confondait alors avec la nationale. L'endroit parfait pour un assassinat. Si les choses tournaient au vinaigre, Michel pourrait toujours crier. Seul le vent des Causses pourrait lui répondre. Crier, Michel Moguez n'en eut pas le temps. À la demande d'Adeline, pour que leur passagère qui se sentait mal puisse sortir prendre l'air, il venait de s'arrêter sur le côté de la route, allumant des feux de détresse qui allaient justifier leur nom. Car, presque immédiatement, c'est à lui que l'air manqua quand la cordelette de nylon se serra autour de son cou maintenu contre l'appui-tête. Il appela Adeline à l'aide du regard, et c'est à son regard plein d'effroi et de haine qu'il comprit qu'elle ne bougerait pas. Avant de rendre son dernier souffle, il abattit une dernière fois son poing sur le visage de son épouse. « Parfait. Ça fera encore plus vrai » commenta Nicole Rhoner après que l'homme se fut immobilisé en observant le cocard sur le visage d'Adeline. Combien de fois Nicole avait-elle intérieurement enragé en découvrant sur le corps de son amie les stigmates de la violence conjugale ? De l'amie, elle avait fait une amante. Et c'est ensemble qu'elles avaient décidé de supprimer le mari cogneur et gêneur. En chemin, toujours à la demande d'Adeline, le couple avait bien pris une autostoppeuse à la longue perruque brune, mais celle-ci ne les avait pas quittés à Lodève.

Le plus dur, pour elles, ne fut pas de serrer la cordelette jusqu'à briser la gorge, mais d'installer la victime sur le siège passager, avant de rejoindre la méridienne pour récupérer la voiture que Nicole avait garée à la sortie de la D809. Puis, là où la route descend en lacet vers Millau, de replacer l'homme sur le siège conducteur, avant de laisser le véhicule fondre sur le parapet et le ravin. D'une bourrade, Nicole Rohner poussa Adeline sur la pente, assez fort pour qu'elle aille se griffer sur les roches. Puis, ayant ôté sa perruque, elle regagna son domicile au volant de sa voiture. Qu'un Jacques Baufert passant plus tôt les ait surprises, et tout eut été compromis. Mais le crime de bout en bout n'eut pas de témoin. Hormis cet os hyoïde, dans la partie supérieure du cou, dont la fracture causée par la strangulation avait signé le crime dès l'autopsie. L'absence de traces toxiques établissait que la victime était déjà décédée lors de l'incendie du véhicule. Remord, fragilité : en garde à vue, c'est Adeline qui craqua la première. Lors du procès, l'accusation eut beau jeu de stigmatiser le plan froidement exécuté des nouvelles Diaboliques. La défense plaida la violence conjugale. Mais sans preuve médico-légale à l'appui de sa thèse, elle eut bien plus de mal à convaincre les jurés.

FOCUS Police : Ne pas franchir Police : Ne pas franchir Police : Ne pas franchir

Les strangulations

Les strangulations établies par un examen médico-légal peuvent être de type criminel, accidentel ou, plus rarement – hormis dans les cas de pendaison –, suicidaire. Caractéristique d'une action préméditée, la strangulation effectuée à l'aide d'une cordelette laisse sur le cou un sillon cervical fin et uniforme. La strangulation à la main, généralement le fait d'un agresseur qui veut faire taire ou asphyxier sa victime, s'accompagne souvent d'ecchymoses cutanées de marques d'ongle et arrondies sur la face antérieure du cou. Dans le cas présent, l'incendie du véhicule, carbonisant le cadavre, avait supprimé ces traces cutanées. Mais pas la fracture des cornes de l'os hyoïde, qui ne pouvait pas s'expliquer par le choc lors de l'impact de la voiture avec le sol.

L'insupportable vérité, p. 34

Le mystère de cette chambre mortuaire plongeait ses racines bien en amont de l'ultime soirée de Claude et Carine Mercier. L'ADN mitochondrial isolé sur une fibre de la grosse ficelle ayant servi à lier le père présente des caractéristiques communes à celui de Carine, et pour cause : la seconde expertise menée sur une trace de contact laissée sur l'adhésif permet d'identifier la séquence génétique de la mère.

Christiane avait trouvé les corps sans vie de son mari et de sa fille allongés côte à côte dans la chambre. Sur la table, une longue lettre de son mari expliquait ce qu'elle n'avait jamais voulu voir. L'amour fusionnel et incestueux qu'il portait à sa fille, son rejet des règles qui lui interdisaient de le vivre au grand jour et ces fichues métastases qui ne lui en laissaient plus pour longtemps. Ayant décidé de « partir avec elle », Claude avait tiré deux balles sur sa fille à travers l'oreiller, avant de retourner l'arme contre lui. Sur le disque dur de son ordinateur, les limiers informatiques retrouvèrent des fichiers textes et images qui attestèrent de l'ancienneté de la relation imposée à la fille. En trouvant les corps, la mère n'avait plus pu dénier ce qu'elle ressentait confusément mais avait toujours rejeté. Plutôt que d'ajouter l'opprobre à la douleur et à l'absence, elle avait entrepris de maquiller la scène et le crime, cachant arme, lettre et bijoux. Un expert psy expliquerait que l'homme avait voulu prolonger le lien fusionnel qui l'unissait à sa fille, tandis que la mère ne s'était figuré d'autre choix que de réinventer leur mort pour accepter de survivre. Les poursuites correctionnelles, dont elle était passible sur le fondement de l'article 434-4 du code pénal pour avoir fait obstacle à la manifestation de la vérité en maquillant la scène de crime, ne seront pas menées à leurs termes…

FOCUS Police : Ne pas franchir Police : Ne pas franchir Police : Ne pas franchir

Les deux ADN

Depuis la découverte du principe de l'identification génétique en 1984, les progrès techniques n'ont cessé de réduire la taille des échantillons nécessaires pour parvenir à l'identification d'un ADN (présent dans le noyau d'une cellule). Si l'échantillon a été rigoureusement protégé des « pollutions » lors des manipulations, une infime quantité (jusqu'à une seule cellule en théorie) peut suffire. L'ADN mitochondrial (ADNmt) est présent dans les mitochondries et non pas dans le noyau de la cellule. Hérité uniquement de la mère, il permet de dresser un profil génétique partiel. Extrêmement résistant, il ne permet pas une identification formelle, mais il peut être isolé sur des échantillons anciens ou très dégradés, et servir souvent à confirmer un lien familial supposé.

Mystère à la tronçonneuse, p. 39

Mehdi ne mentait pas quand il disait à Julie qu'il l'aimait plus que la vie. Julie n'avait pas menti quand elle lui avait expliqué qu'elle avait choisi de ne pas donner la vie. Peu de jours avant leur dernier bal, la jeune femme avait confié à Mehdi qu'elle s'était retrouvée enceinte de lui. Elle avait décidé de ne pas le garder. Elle ne voulait pas d'un enfant si tôt ; elle ne le voulait pas de lui comme mari. Mehdi avait protesté sans comprendre, jusqu'à ce que Julie insiste. Tout était consommé : elle était déjà allée à la clinique. Tout devait aussi finir entre eux. C'est dans ce contexte lourd que le forestier au cœur écorché vif s'était rendu au bal. La honte et la colère avaient-elles ajouté au désespoir ? En mettant fin à ses jours, Mehdi avait-il voulu adresser un dernier message ? Ces spéculations n'étaient en rien l'affaire des TIC. Les spéculations et les conjectures, ils avaient pour métier de s'en garder. C'est bien pourquoi, en arrivant sur les lieux, leur souci numéro 1 avait été de préserver la scène négligée par les premiers intervenants, et leur numéro 2 de rester sourds aux hypothèses trop tôt et trop vite formulées par leurs collègues et le jeune légiste. Certains avaient le temps d'apprendre, d'autres ne l'avaient pas pris... En examinant les projections de sang et de matières, ils avaient recueilli les indices étayant un scénario confirmé par l'autopsie. Mehdi était remonté seul mettre en marche la tronçonneuse. Il avait posé l'engin sur le sol puis posé son cou sur la lame. Dans un réflexe instinctif causé par la souffrance, probablement s'était-il relevé pour parcourir 50 mètres en se vidant de son sang avant de s'effondrer. Une fois le réservoir vide, l'engin s'était arrêté.*

FOCUS Police : Ne pas franchir Police : Ne pas franchir Police : Ne pas franchir

Aborder une scène de crime

Le traitement d'une scène de crime conditionne la suite de l'enquête. Encore faut-il savoir l'aborder l'esprit libre de tout préjugé. Les apparences les plus frappantes peuvent se révéler les plus trompeuses. Combien d'enquêtes ont été mal orientées sur la base d'un préjugé de départ ? Aussi le premier objectif dans le traitement d'une scène de crime est la protection des lieux, et des indices qu'ils peuvent receler. Toute la difficulté est que l'enquête judiciaire, en général (et c'est valable aussi pour la police technique), doit aussi progresser par hypothèses ouvertes, puis refermées, et s'appuyer sur la connaissance humaine des comportements et des environnements. L'expérience permettra souvent à l'enquêteur d'avancer des hypothèses fondées sur des faits plutôt que sur la fiction.

* Les constatations originales, qui ont inspiré cette énigme, sont évoquées par le lieutenant de gendarmerie Thierry Lezeau dans *Scènes de crime* (Lattès, 2008).

La mort à trois, p. 44

L'alcool peut tuer parfois lentement mais très sûrement. Toutes les analyses toxicologiques effectuées sur les organes de Gérard lors de l'autopsie vont le démontrer. Elles établissent un degré élevé d'alcoolémie lors du décès. Et elles confirment l'ampleur des dégâts provoqués à l'organisme par des années de bibine et d'ivresse. Carences en vitamine, cirrhose du foie, myocardite éthylique, hypertension artérielle, brûlures de la muqueuse gastro-intestinale : Gérard était un rêve (ou un cauchemar) d'alcoologue et un extraordinaire cas d'école pour sensibiliser les jeunes aux ravages de la biture chronique. Le coup reçu au crâne avait certes accéléré la mort programmée. Mais il ne l'avait pas directement causée. Le rapport médico-légal conclura que c'est l'alcoolisme de Gérard qui était à l'origine de la création d'une disparité de volume entre le cerveau et le crâne. Le choc avait entraîné la rupture des veines corticodurales surtendues et fragilisées, provoquant une hémorragie interne lente et diffuse. Si Gérard avait été immédiatement pris en charge médicalement, un traitement d'urgence aurait – peut-être – pu le sauver, ou plus probablement repousser l'échéance. Au lieu de quoi il est mort dans son sommeil. L'alcoolisme et le dénuement forment une arme mortelle. Mais pas criminelle au sens de la loi. Libéré, Fanch a repris la route avec son sac et ses chiens. Désormais, c'est pour trois qu'il picole.

FOCUS Police : Ne pas franchir Police : Ne pas franchir Police : Ne pas franchir

Autopsie et analyses toxicologiques

L'autopsie est mise en œuvre dès lors que les causes d'une mort sont criminelles, suspectes ou simplement inconnues. Les actes médico-légaux auxquels il est procédé peuvent être regroupés en trois étapes : l'examen externe du corps, la dissection avec l'ouverture du crâne et du thorax et l'examen des organes, les analyses toxicologiques menées sur des prélèvements d'organes (estomac, intestin notamment) et des fluides (sang, bile, contenu gastrique ou liquide de putréfaction).

Une jalousie explosive, p. 50

Dans une enquête en terrain X, il est une règle d'or : chercher la femme… Ou plutôt son keum en l'occurrence, un prénommé « Jimmy ». Celui-ci, décidé à gravir les échelons dans la hiérarchie des apprentis caïds et autres mauvais garçons, avait trouvé l'inspiration dans les regrets professionnels de sa donzelle, laquelle avait connu une brève notoriété dans le X sous le nom de Samantha Trash. Chris, la vérité, avait abusé. Il avait même ri au nez de Jimmy, ajoutant quelques commentaires intimes et désobligeants sur l'authenticité des attributs de sa meuf (de son vrai nom Nadia Durand). Le couple, doublement humilié, avait décidé d'inverser les rôles. Ce sont eux désormais qui allaient abuser pour mettre Chris à l'amende. Mais, avant de lui faire cracher sa maille, il convenait de l'engrainer un peu. Jimmy s'était rencardé sur la Toile et auprès de potes de potes, dont certains à force d'entraînement dans la cité étaient devenus des artificiers accomplis. Le paquet piégé avait été le plus compliqué à réaliser, avec son fil déclenchant le mécanisme à l'ouverture. À coté, les « *pipe* »*, c'était du gâteau ! D'ailleurs, Jimmy en avait oublié de porter des gants au moment d'insérer le mécanisme de la montre Casio servant au déclenchement et de fixer l'ensemble avec de l'adhésif. Un morceau de quelques centimètres, projeté lors de l'explosion, avait suffi à le confondre. Jimmy y avait laissé une belle empreinte digitale.

FOCUS Police : Ne pas franchir Police : Ne pas franchir Police : Ne pas franchir

L'analyse des explosifs

L'explosion d'un engin ne détruit pas tous ses composants. La substance utilisée vient souiller l'enveloppe lors de la détonation, et l'explosif peut être identifié, après des analyses en chromatographie et à partir de traces infimes retrouvées sur le contenant. Des traces digitales sur des adhésifs (s'ils n'ont pas trop chauffé), voire des traces biologiques, peuvent aussi être recherchées. Dans la pratique, il est cependant rare d'en retrouver.

---

* Littéralement : « bombes tuyaux », engins explosifs artisanaux tubulaires aux extrémités scellées, dont les recettes et vidéos s'échangent sur Internet. Elles ont été utilisées dans le cadre d'actions terroristes mais sont aussi fréquemment fabriquées par des jeunes, par jeu ou par défi.

La pendue du garage, p. 55

Pris isolément, aucun indice ni élément d'enquête ne constituait une pièce à charge déterminante contre Éric Sanchez. En dépit des investigations et des éléments médico-légaux, il fallait obtenir des aveux. Mais dès le départ, plusieurs constatations avaient alimenté les soupçons des gendarmes. L'empressement de l'époux à désigner le tabouret alors que l'escabeau était rangé contre le mur. Et puis il y avait ces estafilades aux bras qui pouvaient avoir été reçues en entourant son avant-bras de la corde, non pour détacher la victime mais pour la pendre. Les pétéchies aux lèvres intriguaient : elles sont généralement associées à des signes d'asphyxie plutôt que de strangulation. Mais en l'absence de conclusion tranchée des légistes, deux éléments vont faire pencher la balance.

Les flacons de sang retrouvés dans le véhicule de Cécile d'abord. L'évaluation du taux de prothrombine, qui permet de mesurer la coagulation sanguine, représentait une mesure capitale pour le grand cardiaque que suivait Cécile, et celle-ci était une professionnelle trop consciencieuse pour ne pas les faire analyser, même avant de se donner la mort.

Les hématomes relevés par les crevées lors de l'autopsie ensuite. Parallèlement situés sous les omoplates, ils étaient parfaitement compatibles avec la marque d'un genou appuyant sur la femme pour l'immobiliser. Comme dans une immobilisation d'arts martiaux. Enfin, l'étude des techniques de dépendage utilisées par les pompiers – les premiers confrontés à ce qui constitue un des moyens suicidaires les plus fréquemment utilisés – ne prévoit en aucune façon de tirer sur la corde soutenant le pendu, mais de soulever ce dernier. Un pompier expérimenté comme Éric Sanchez avait-il pu perdre ses réflexes en découvrant le cadavre de son épouse ?

Éric reconnut un scénario différent. Il vivait très mal la séparation, tandis que Cécile était effectivement décidée à refaire sa vie. Son épouse le lui avait annoncé lors de leur rendez-vous. Éric avait vu rouge. Il se souvenait s'être jeté sur elle, l'avoir plaquée au sol et avoir serré de toutes ses forces. Quand il avait rouvert les yeux, ceux de Cécile s'étaient définitivement éteints. Paniqué, Éric avait voulu faire croire au suicide, était monté sur le tabouret avec le cadavre sur son épaule, avait passé la corde dans l'anse du crochet et avait tiré pour soulever le corps avant de faire un nœud.

Telle fut du moins la version qu'il consentit à livrer, et celle sur la base de laquelle il fut condamné. Les enquêteurs, eux, soupçonnaient un tout autre scénario dans lequel Éric aurait pendu sa femme inconsciente mais vivante, ce qui expliquait les signes d'asphyxie (pétéchies sur les lèvres, mousses dans les poumons), la présence d'un sillon de strangulation sec et les estafilades sur son avant-bras droit.

FOCUS Police : Ne pas franchir Police : Ne pas franchir Police : Ne pas franchir

Les hématomes invisibles

Le but de l'autopsie est d'éclairer le magistrat et les enquêteurs sur les causes de la mort et, lorsque celle-ci est criminelle, sur le type de blessure, la direction des coups reçus, leur force et les actes de défense. Or, si la plupart des blessures assez importantes pour provoquer la mort laissent des traces de coloration sur la peau, d'autres, qui peuvent contribuer à comprendre le mode opératoire, s'effacent ou sont masquées par les altérations *post mortem* du corps. C'est pourquoi la phase de dissection d'une autopsie débute par la réalisation de crevées. Ces incisions de la peau sont effectuées à travers le derme jusqu'au muscle. Elles permettent de rechercher des ecchymoses (collections de sang) profondes et de repérer des hématomes qui ne seraient pas visibles sur la surface du corps.

De la boîte à la fosse, p. 61

Les plus belles histoires ont une fin. La fin de l'histoire d'essor et d'amitié entre Noureddine et ses amis et associés avait signifié *ipso facto* la fin du nouveau Monsieur Loyal de la nuit hip-hop. Quitter sa compagne n'avait pas été la principale rupture décidée par Noureddine. Des lettres à son avocat retrouvées dans son ordinateur révélaient sa volonté d'évincer ses associés, lesquels avaient apparemment puisé trop allègrement dans la caisse du *West Coast*, et épuisé par là même sa patience à leur égard. À l'aube, après avoir démontré qui était le patron cartes en mains, Noureddine avait annoncé sa décision de patron à ses futurs ex-associés et probables ex-amis. Ceux-ci s'étaient *illico* mués en nouveaux ennemis. La discussion avait viré à l'altercation. À deux contre un, il avait vraisemblablement eu le dessous. Une perquisition dans le pavillon de Sami avait permis de retrouver deux outils qui avaient été fort imprudemment conservés dans un atelier du sous-sol : une scie à bois dont une dent manquait à la lame, ainsi qu'une pelle et une veille bêche de taille compatible aux courbes relevées sur chaque côté de la fosse. Mieux (ou pire pour les suspects) : le traitement de la scie au luminol révèle ensuite des traces de sang sur la lame. Dans l'interstice entre le manche en bois et la pièce métallique de la pelle, des traces de terre sont aussi retrouvées. Leur analyse révèle une composition minérale similaire à celle de la scène de crime. Confronté avec ces indices, Lakhdar est le premier à craquer. Sami, explique-t-il, a poignardé Noureddine à plusieurs reprises. Puis les deux hommes ont déplacé le corps jusque dans le pavillon de Lakhdar, où ils l'ont découpé. Deux jours après, ils ont transporté de nuit les morceaux dans le bois de Meudon. Après avoir roulé jusqu'à un embranchement, ils ont enterré bras et jambes. Sami reconnaît les faits mais, selon lui, c'est Lakhdar qui a porté les coups. Aux assises, le jury ne fera pas de distinction entre les deux accusés.

FOCUS Police : Ne pas franchir Police : Ne pas franchir Police : Ne pas franchir

Les traces d'outils

L'analyse des traces d'outils sert généralement à établir les modalités d'une effraction ou d'un cambriolage. C'est notamment le cas des chaînes et cadenas tranchés ou des fenêtres et portes forcées. Dans les cas d'homicide suivis d'un découpage du cadavre, la nature des marques laissées sur les os renseigne sur le type d'outil utilisé. Si les enquêteurs mettent ensuite la main sur l'outil d'un suspect, la comparaison peut se révéler profitable à l'enquête, et une étude au macroscope peut établir des concordances solides entre les traces et les défauts ou usures caractérisant l'instrument.

La vérité carbonisée, p. 67

Valentine s'ennuyait loin des bras de Thomas. Elle ne s'était jamais contentée de plaire. Elle aimait ça. « Je séduis, donc je suis » devait se dire, inconsciemment peut-être, la jeune femme que sa famille adorait, que ses clients admiraient et que les hommes désiraient. À l'apogée de son charme et à l'âge où les ans lui allaient comme un gant de soie, elle scrutait de plus en plus souvent les tout premiers replis de la peau qui s'esquissaient sur l'ovale de son visage. *Via* Internet, Valentine avait depuis un an rouvert les pages de sa jeunesse en renouant avec certains de ses copains et parfois de ses amants d'avant. Christophe dansait toujours très bien. Mais, hors de la piste de danse et de son lit, pas question qu'il se montre collant. Elle avait su le lui faire comprendre. Marc était toujours aussi charmant et délicat amant. Marié, deux enfants et des principes. C'est presque elle qui avait dû s'employer pour le refaire craquer.

Et puis quand, ouvrant au coiffeur à domicile contacté par téléphone, Valentine avait reconnu Christophe, elle avait eu un sourire moqueur. Pourquoi lui avait-il jurée l'été dernier qu'il était responsable commercial ? Christophe avait eu les ciseaux aussi habiles que la main déplacée. Valentine avait donc à nouveau su trouver les mots pour le remettre en place. Encore un de ces mecs qui croyaient que, dans la bouche d'une femme, un jour voulait dire toujours.

En quittant l'appartement de Valentine, Christophe fulminait de rage et d'humiliation. Cette bêcheuse… Elle avait toujours été si méprisante. « Trouve-toi une fille pour garçon coiffeur… » C'est alors l'idée qui lui était venue. La fille, il l'avait déjà trouvée. Christophe avait foncé à la bibliothèque et passé deux heures à compulser un ouvrage de criminalistique traduit de l'anglais. Le lendemain, il avait fait composer un imposant bouquet de fleurs. Arrivé devant la résidence bordée par les pins, il avait téléphoné à sa cliente pour décommander le rendez-vous. L'appel avait été relayé par la borne téléphonique et gardé en mémoire par l'opérateur. Trompée par le bouquet prétexte et ses paroles d'excuses, Valentine avait ouvert la porte. Plus tard, elle l'avait supplié en vain. Avant de partir, il avait mis le feu à l'appartement, emportant la carte bancaire pour faire croire à un vol et se débarrassant du téléphone à proximité de l'aire où stationnaient les caravanes des gitans. Dénoncé par le bouquet calciné, reconnu par la fleuriste, confondu par ses appels téléphoniques, accablé par la préparation du crime attestant d'une préméditation, il a écopé de trente ans de réclusion criminelle aux assises.

FOCUS Police : Ne pas franchir Police : Ne pas franchir Police : Ne pas franchir

Analyse d'une scène d'incendie

Le feu est le moyen le plus prisé par les criminels pour tenter d'effacer les traces de leur forfait et, notamment, les documents compromettants. Même sur un document brûlé, il est possible, si celui-ci n'a pas été réduit à l'état de cendres, de reconstituer une écriture. L'éclairage à la lumière infrarouge permet ainsi de faire apparaître les traces laissées par l'encre ou le crayon, dont les longueurs d'onde diffèrent de celles émises par le papier calciné. Sur une scène de crime théâtre d'un incendie, les enquêteurs tentent en priorité de localiser les départs de feu. L'utilisation d'hydrocarbures comme accélérateur laisse des traces dans les sols. Celles-ci peuvent être détectées, puis analysées et identifiées en laboratoire.

Le sang de la terre, p. 73

David Greaves aurait dû le savoir : les trajectoires de balles sont autrement plus traçables que celles des placements financiers. Or ce n'est pas seulement du climat londonien dont il avait tenu à s'éloigner, mais aussi des causes de sa ruine : le petit génie avait été contraint de liquider ses biens après avoir perdu les mises de ses clients dans des placements suspects recouverts par les sommes d'autres investisseurs. C'est en fait avec les fonds de Christine, donc de son père, que David avait monté son projet immobilier dans le Midi. Croyait-il qu'il pourrait sans risque se refaire sur le dos de nouveaux investisseurs ? Dans le Sud, les relations du couple s'étaient détériorées. Or Christine détenait 80 % des parts de la SCI et, sur le conseil paternel, elle avait décidé d'en reprendre le contrôle. Elle avait fait part à David de son intention de le quitter. Plus de femme, plus de société, plus d'argent, plus de protection.

Le joueur avait tenté un coup de poker criminel pour se refaire sur le dos de ses détracteurs les plus enragés. Le soir des faits, il avait cisaillé la clôture d'entrée et brisé lui-même les vitres de son véhicule. Quand Christine avait surgi sur le perron, il l'avait abattue, les mains gantées. Puis retournant l'arme contre lui, il s'était tiré une balle dans l'épaule. Plaquant une serviette sur la blessure, il avait jeté l'arme dans le puisard, rejoint le perron et ôté la serviette de l'épaule. De là, il avait gagné le salon comme l'indiquaient les traces de sang. Il y avait jeté gants et serviette dans le feu de la cheminée, et appelé les secours. Mais les analyses balistiques l'avaient placé très tôt dans le collimateur des gendarmes. L'arme d'abord : chez les enragés de l'Aude, les comptes se réglaient généralement au fusil de chasse. Les trajectoires surtout : pénétration latérale compatible avec l'origine de tir indiquée par les étuis pour Christine, mais impact perpendiculaire pour David. Accablé par son beau-père, David finit par avouer. Aimé Vignal, de son côté, a écopé d'une peine avec sursis pour les menaces de mort.

FOCUS Police : Ne pas franchir Police : Ne pas franchir Police : Ne pas franchir

Les analyses balistiques

En cas de fusillade, plusieurs types d'analyses sont menés. Elles portent sur la nature des projectiles et sur les marques caractéristiques (sur la douille et la balle) qui font la signature d'une arme à feu. L'étude des trajectoires de tir permet de reconstituer l'enchaînement des faits, et parfois de cerner la responsabilité des protagonistes. Enfin, la balistique lésionnelle étudie le profil des blessures provoquées par la balle dans le corps. Ainsi, un orifice d'entrée circulaire et régulier correspond souvent à un trajet perpendiculaire, alors qu'un contour de forme plus ovale est généralement la marque d'un trajet oblique.

Mort d'un privé, p. 79

C'était du travail de pro. Mais pas un travail parfait. Ceux qui avaient amené ou attiré Battisti sur cette aire isolée entre Grasse et Fayence étaient de toute évidence bien informés. Ils connaissaient son emploi du temps, ses habitudes et jusqu'à l'arme qu'il portait. Un flic change rarement ses habitudes, et le Manhurin MR73 fut longtemps l'arme de référence des forces de l'ordre. Qui mieux que son associé pouvait jouer les indics ? Qui avait insisté sur les penchants pour la boisson de la victime ? L'analyse des débris de projectile montrait que ceux-ci étaient d'une composition différente des trois balles non percutées restant dans le barillet. Les munitions étaient de même calibre mais pas de même fabrication. Sauf à ce que la victime ait panaché des cartouches, elles avaient pu être tirées par des armes différentes. Enfin, l'examen au microscope de la lettre, ainsi que l'analyse chimique de son encre, exclurent que celle-ci ait été imprimée par les matériels saisis. Chacune des imprimantes présentait des défauts, infimes mais caractéristiques à l'usage, qu'on ne retrouvait pas sur le document.
Les limiers de la PJ en avaient donc acquis la conviction : le détective avait probablement été abattu. Attiré dans un piège ou un rendez-vous qui avait mal tourné ? Ils ne le surent jamais. Ni la garde à vue de l'associé, ni sa mise sur écoute et sous surveillance ne permirent de l'impliquer. Six mois plus tard, il fut soustrait aux attentions policières par un malencontreux accident de voiture. À ce jour, la

mort du privé est toujours classée dans la longue liste des mystères de la Riviera.

FOCUS Police : Ne pas franchir Police : Ne pas franchir Police : Ne pas franchir

Les trois volets de l'enquête

Les progrès de la police scientifique ne doivent pas créer l'illusion d'une preuve absolue. Le succès d'une enquête policière est le résultat de trois domaines distincts et complémentaires d'investigation : le travail de police technique qui récolte les indices matériels ; l'examen de police scientifique qui les analyse ; l'enquête de police judiciaire classique, basée sur le renseignement et la compréhension des environnements des victimes et des suspects potentiels. À chacun son domaine : les agents de police technique ne procèdent pas aux analyses, les enquêteurs ne traitent pas la scène de crime et les experts de police scientifique ne mènent pas d'interrogatoires. C'est la combinaison des trois qui dans le cas d'espèce a permis aux enquêteurs de trancher entre crime et suicide. Mais la conviction des enquêteurs ne suffit pas à constituer une preuve pénale. Celle-ci, même étayée par l'apport des sciences, demeure une notion exigeante et incertaine. Elle est dite « libre » : la loi ne la définit pas et, en fin de compte, c'est l'intime conviction des juges ou du jury qui appréciera sa validité.

Fallait pas l'inviter, p. 85

Sur le procès-verbal de sa confession, lâchée d'une traite après quinze heures de garde à vue, François indiquera l'avoir désirée dès la première rencontre avec ses nouveaux voisins. Le matin, il l'observait s'éloigner, le soir il la guettait, devenu accro aux visions prises à la dérobée de derrière ses volets. Tous les prétextes étaient bons pour la voir : aider au déménagement, préparer la fête. Antoine était souvent absent. Et puis Lili avait de ces sourires lui laissant croire qu'il ne lui était pas indifférent. François en avait eu la certitude durant la soirée. Jamais son ex-épouse n'avait dansé ainsi avec lui. Aussi, le lendemain, il avait osé… Mais elle l'avait éconduit, avec des mots moqueurs et blessants. Il avait ruminé sa frustration puis, ayant arrêté son dessein, il était revenu, empli de désir et de colère, frapper à sa porte. Quand elle avait ouvert, croyant entendre ses excuses, il l'avait repoussée jusqu'à la chambre. L'oreiller avait étouffé ses cris. Puis Lili n'avait plus bougé. Après, il avait soigneusement essuyé le corps. Chez lui, il avait pris soin de jeter le préservatif usagé aux toilettes. Quand il avait réalisé son oubli, il était trop tard : les gyrophares déchiraient la nuit devant le pavillon. Ses empreintes digitales, comme celles d'autres, étaient un peu partout dans la maison. Mais la trace du pouce et de l'index, aisément relevées par les dactylotechniciens sur l'étui du préservatif, n'appartenait qu'à lui.

FOCUS Police : Ne pas franchir Police : Ne pas franchir Police : Ne pas franchir

Les empreintes digitales

En dépit de son ancienneté (elle a été appliquée pour la première fois à une enquête criminelle en 1892), la technique de relevé d'empreintes digitales demeure un outil de police technique et scientifique essentiel pour les enquêteurs. D'abord, parce que le perfectionnement des procédés de dactylotechnie permet de relever les empreintes sur quasiment tous types de supports (à l'exception des fibres et de certaines surfaces particulièrement poreuses). Ensuite, parce que même les délinquants qui cherchent à « nettoyer » la scène de crime ont fort à faire pour songer à toutes les traces de leur passage. Il arrive donc que les plus évidentes soient aussi les premières oubliées, à l'image des cambrioleurs qui laissent leurs gants en latex sur les scènes de leur forfait. Ou un voisin violeur ayant songé à utiliser et à remporter un préservatif, mais négligé de ramasser l'étui.

Mort sur le zinc, p. 90

Il n'y avait pas plus de groupes mafieux et de racket derrière l'incendie de l'Oasis que de mixité sociale dans les cités des alentours. La bande confondue par l'enquête de la brigade criminelle était exclusivement familiale. Il apparut assez vite que, comme si souvent, Zineb avait assumé la fonction de « cerveau » dans l'illicite entreprise. Les affaires de l'Oasis périclitaient depuis plusieurs années déjà. Anticipant sur les bénéfices escomptés de la revente du fonds dans le cadre de la gigantesque opération de réaménagement urbain annoncée, les frères Houari avaient emprunté et investi plus à tort qu'à raison. Ils avaient ensuite tenté de vendre le bar, mais la détérioration de la sécurité dans le quartier avait poussé les prix à la baisse. Les intérêts des emprunts passés, eux, filaient à la hausse. Zineb avait donc, une nouvelle fois, résolu de sortir ses fils des dettes et de la mouise. Elle avait d'abord préparé la manœuvre par ses dénonciations et la plainte déposée. Le jour des faits, Kamel avait acheté, en espèces, bidons d'essence et bombonne de gaz dans des stations-service ; le soir, il les avait chargés dans son Renault Espace. Il avait entreposé les bidons à la cave avec Samir. À l'heure prévue, tandis que Zineb appelait la police, il avait entrepris de mettre le feu au dispositif. Mais comme nombre d'apprentis incendiaires, il avait sous-estimé la volatilité des émanations d'essence. Surpris par la combustion et victime de l'effet de souffle de l'explosion, il avait tenté en vain de se protéger derrière le zinc. Sa position en chien de fusil à cet endroit avait la première alerté les enquêteurs. Les experts du LCPP avaient ensuite estimé qu'une quarantaine de litres d'essence avaient dû être entreposées dans la réserve du bar. L'étude de la compatibilité du débit de boisson avait confirmé les soupçons encore renforcés par la classique augmentation des primes d'assurance souscrites quatre mois avant le sinistre. Sur place, Zineb avait aussitôt pris la mesure de la situation et dicté à son fils survivant le discours à tenir aux secours. C'est Samir, blessé en tentant de porter secours à son frère, et non Kamel, qui l'avait appelée de la cabine téléphonique. Mais après que celle-ci eut elle-même alerté le commissariat. Pour la première fois, Zineb Houari n'avait pu tout prévoir et tout arranger. Elle a été mise en examen pour « tentative d'escroquerie et complicité de dégradation par l'incendie ayant entraîné la mort ».

FOCUS Police : Ne pas franchir Police : Ne pas franchir Police : Ne pas franchir

Les traces d'hydrocarbures

Les causes d'un incendie peuvent être multiples, les mobiles d'un incendiaire aussi. Ils peuvent être naturels (dans les cas, rares, de combustion spontanée), accidentels (cause technique ou humaine) ou criminels. Un incendiaire peut agir pour couvrir les traces d'un autre acte, pour satisfaire sa pyromanie, par vandalisme, par vengeance personnelle ou professionnelle, voire pour donner la mort à autrui ou à lui-même. L'escroquerie à l'assurance figure en très bonne place parmi ces mobiles. Les traces laissées par les hydrocarbures ou solvants utilisés comme accélérateurs constituent un indice précieux. Les premières sont volatiles (odeur). D'autres sont visibles à l'œil nu (flaques). La plupart sont invisibles, ont imbibé les matériaux et se sont infiltrées dans le sol. Elles peuvent être localisées par des détecteurs d'hydrocarbures et prélevées en grattant le sol ou en découpant un morceau de la surface. Les échantillons sont ensuite analysés dans les laboratoires de police scientifique. L'utilisation de la chromatographie et de la spectrométrie de masse permet de caractériser les substances, et les experts peuvent même ensuite évaluer le volume utilisé pour déclencher le sinistre.

Mutilation à huis clos, p. 96

Du salon à la chambre et à la salle de bains, le sang était partout dans le duplex de la Villa Marlène. Mais il n'y avait partout qu'un seul sang : celui de David Adelson. Si une ou plusieurs personnes avaient torturé le jeune homme, l'auraient-ils laissé aller et venir comme l'indiquaient les traces de pas, les seules hormis celles d'Alvira ? Ce constat avait été le premier à peser contre la thèse du meurtre. L'expertise avait ensuite permis de reconstituer les déplacements du criminel qui était aussi la victime. Enfant, David Adelson avait fait l'objet d'un diagnostic de bipolarité maniaco-dépressive. Avait-il cru pouvoir la noyer dans la *dolce vita* cannoise ? Cette thérapie et les traitements à base d'antidépresseurs et d'anxiolitiques n'avaient étouffé le syndrome que jusqu'à ce qu'il rencontre Maryem. En reconstituant sur la mémoire de l'ordinateur les fichiers effacés, les enquêteurs avaient, au fil des textes oniriques, mystiques puis extatiques, mis à jour la confusion de ses sentiments entre attachement obsessionnel et possessivité fusionnelle. Telle fut du moins l'interprétation des experts. Maryem envisageait de prendre ses distances et devait partir quelques semaines auprès des siens. Dans le dernier texte de David, il était question de « preuve par le sacrifice ». Peu avant les faits, il avait supprimé tous les dossiers de son PC. Mais effacer les écrits n'avait pas suffi à éloigner les bouffées délirantes, probablement plus schizophrènes que bipolaires. David avait tué Maryem d'un coup de couteau. Puis, par amour pour elle et par haine de son geste, il s'était automutilé jusqu'à la mort. David était gaucher, ce qui correspondait à l'orientation des blessures et pouvait expliquer qu'il ait pu se trancher le poignet. La chronique médico-légale est pleine de ces suicidés capables de mettre en scène leur mort en repoussant les limites de la souffrance. Telle fut la conclusion de l'enquête judiciaire. Une conclusion que la mère de David Adelson a contestée jusqu'à aujourd'hui.

FOCUS Police : Ne pas franchir Police : Ne pas franchir Police : Ne pas franchir

L'analyse des traces de sang

L'analyse des traces de sang permet parfois de reconstituer l'enchaînement des faits sur une scène de crime. Un suspect peut être confondu après avoir laissé l'empreinte de sa chaussure ou de son pied ensanglanté. Le sang permet évidemment de réaliser des analyses ADN en vue d'établir un profil génétique. Mais l'analyse des projections des gouttes et des taches qui peuvent maculer une scène de crime aide aussi à reconstituer la chronologie des faits, le positionnement des protagonistes et le mode opératoire. Pour ce faire, la morpho-analyse applique les principes scientifiques de la géométrie et de la dynamique des fluides. Cette balistique du sang permet alors de décrypter les traces apparemment illisibles.

La mort est servie, p. 101

La théorie du « drap linceul » tenait bien la route. Huguette l'avait effectivement étendu pour l'accueillir, à moins que ce n'eût été pour ne pas salir le sol, avant de mettre fin à ses jours. Le mobile déclencheur était arrivé avec les analyses médicales retrouvées dans le courrier saisi. Ayant déjà plus que dépassé l'âge légal de la retraite, la domestique dure à la tâche se sentait faiblir et était sujette à des maux de tête de plus en plus violents. Pour la première fois depuis bien des années, elle s'était décidée à consulter. Le diagnostic était sans appel. Le cancer allait arracher Huguette à son unique univers, le château des Moyeaux, ou pire, l'en éloigner pour le mouroir impersonnel d'un lit d'hôpital. En ce dimanche de novembre, Huguette avait donc ouvert le secrétaire avec les clefs dont elle connaissait l'emplacement, puis glissé celles-ci dans une poche de sa blouse et le 22LR dans l'autre. Huguette avait ensuite allumé les lumières pour faciliter le retour nocturne des Cléry. Descendue dans la buanderie, elle avait étendu le drap lavé et repassé durant l'après-midi, sorti l'arme de sa blouse et tiré de biais à bout portant, mais non touchant, vers le front. L'autopsie du crâne allait en effet retrouver une balle, mais celle-ci était restée logée entre la paroi osseuse et la dure-mère.

Sonnée par l'impact, commotionnée, déséquilibrée mais pas tuée, la mal suicidée, dont du sang avait été projeté sur le mur, avait vacillé sur quelques pas, pivoté sur elle-même puis, dans un effort désespéré et définitif pour se donner la mort, avait pointé l'arme vers le cœur, et s'y était tirée une seconde balle. Fatale celle-là.

FOCUS Police : Ne pas franchir Police : Ne pas franchir Police : Ne pas franchir

Examen du corps et autopsie

Le premier examen d'un corps réalisé par un médecin légiste a lieu sur la scène de crime. Il permet de repérer et prélever toutes traces et indices suspects, ainsi que de contextualiser les constations médicales. Le jour de l'autopsie, un examen externe du corps précède la réalisation de crevées pour révéler d'éventuels hématomes non visibles sur la peau. Le cerveau est ensuite examiné, extrait et pesé. L'autopsie se poursuit par l'ouverture du thorax et le prélèvement des organes. Dans le cas de Huguette, l'examen du crâne avait levé le mystère.

Quand les murs parleront, p. 105

Pour René, les choses étaient simples : ses frères lui avaient pourri la vie et celle de son épouse. Il avait finit par reporter sur eux la responsabilité de la mort de Micheline, emportée par un arrêt cardiaque, et de celle de son fils Jules, tué au retour d'une audience du tribunal. René savait que ses frères ne pourraient probablement pas empêcher qu'il lègue cette maison, qu'ils attendaient depuis si longtemps, à la commune. Mais il voulait qu'ils paient plus, plus longtemps encore. Il avait cherché un moyen de leur pourrir la vie après sa mort, comme ils avaient pourri la sienne de son vivant. Et il avait trouvé.

Les gendarmes qui avaient inspecté la cuisine n'avaient pas songé à regarder au-delà de l'âtre, par-dessus de la crémaillère, jusque dans le conduit d'évacuation de fumées. Ils auraient pu admirer l'ingénieux mécanisme mis en place par René, qui ne fut découvert que lors de la réfection du conduit entreprise par le nouveau propriétaire : un système de poulies fixé sur un piton planté dans la pierre et relié à un tendeur élastique. Au bout du tendeur était encore attaché le fusil à canon basculant. L'arme comprenait l'étui percuté et non éjecté d'une cartouche de calibre 12 et une autre chargée prête à l'emploi. À bout portant, la gueule du canon à 10 centimètres du front, la première avait été la bonne. Tandis que René s'effondrait et lâchait l'arme, celle-ci tirée par le tender élastique remontait par la cheminée. Le juge avait eu tort et raison à la fois. Les murs de la cheminée avaient certes fini par parler. Mais il aurait dû se douter que les traces d'une mort, pas si mystérieuse, ne partent jamais vraiment en fumée.

FOCUS Police : Ne pas franchir Police : Ne pas franchir Police : Ne pas franchir

L'examen de la scène de crime

De nos jours, l'examen d'une scène de crime est (ou doit être) mis en œuvre avec une grande minutie et obéit à des étapes précisément déterminées. On peut parier que la cheminée de René Perloueix aurait été examinée avant que le dossier ne soit classé. L'exploration d'une scène d'infraction obéit à un protocole strict. Elle est d'abord protégée et délimitée. Une fois son périmètre protégé et matérialisé par un ruban de signalisation jaune et noir, un travail long et souvent fastidieux commence. La scène est figée, et chaque indice est signalisé par un cavalier en plastique. Puis les spécialistes de police technique s'attachent à collecter, voire interpréter les indices. Outre la logique, l'expérience de police judiciaire guide largement les investigations techniques. Dans le cas présent, l'observation, la disposition du corps et des traces de sang, ainsi que l'analyse de la nature des blessures, auraient permis de reconstituer la trajectoire de tir, la position de l'arme au moment du tir et de vérifier, sans négliger aucun recoin, tout éventuelle cachette.

Un crime en revue, p. 110

Vingt-cinq ans après son arrivée en France avec ses parents, Zhao Mong pouvait s'enorgueillir d'avoir réussi. Il possédait deux appartements, roulait en Mercedes classe S et renvoyait en Chine suffisamment d'argent pour faire bâtir une maison à la façade au décorum ostentatoire. Non seulement il dirigeait son propre atelier de confection, mais il était aussi entré dans les faveurs de monsieur Wong, l'un des plus prospères entrepreneurs des Wenzhou à Paris. Au total, il assumait le statut de gérant de paille d'une quinzaine de sociétés de confection et de restauration. La recette était simple : Zhao Mong conservait les papiers des « canards », contraints de trimer jusqu'au remboursement du coût de leur passage en France. Les clandestins le craignaient, mais moins pourtant que la police qui multipliait les contrôles. Entre l'obstacle de la langue et la peur de l'expulsion, pas de risque qu'ils aillent se plaindre. De temps en temps, il fallait faire un exemple, comme avec Xia. Lifeng n'était pas comme les autres. Zhao l'avait longtemps cru docile mais, depuis sa rencontre avec cette fille, il avait appris à écrire et... à réclamer. Des papiers, un salaire... Monsieur Wong aurait pu comprendre. Mais Lifeng avait menacé de dénoncer les ateliers et même de parler de Xia. Zhao Mong avait décidé de régler le problème. Ce bouseux n'allait pas ruiner vingt ans d'efforts. Tout cela, Zhao Mong ne l'avoua jamais. Mais, sur l'étagère de son domicile, les policiers avaient saisi trente-cinq numéros de l'épaisse revue à la couverture papier glacé. Du numéro 20 au numéro 75, il n'en manquait qu'un. Le numéro 44 de la revue. Très précisément, celui retrouvé sur la scène de crime et qui avait servi de fourreau au couteau de cuisine.

FOCUS Police : Ne pas franchir Police : Ne pas franchir Police : Ne pas franchir

Le procédurier

Souvent l'un des plus expérimentés des enquêteurs de la brigade criminelle de Paris, il a un rôle à part et essentiel. Il suit la procédure pénale et s'assure de la précision des procès-verbaux, du début à la fin. Présent sur la scène de crime, il veille sur les premières constatations matérielles, en collaboration avec les hommes de l'Identité judiciaire, et suit ensuite les progrès de l'enquête d'environnement, lorsque celle-ci s'étend (comme les recherches sur le terrain) par cercles concentriques à partir de la victime. Il est amené à assister aux autopsies et à mener des interrogatoires de témoins ou de suspects. C'est en quelque sorte la mémoire du dossier pénal, lequel peut, au final, « peser » des milliers de pages.

Remerciements : Capitaine Thierry Dolfus, Capitaine François Debilly, Mdl/c Didier Gilibert, Commandant Jean-Claude Mules, Commissaire Bernard Pasqualini.

« Pour l'éditeur, le principe est d'utiliser des papiers composés de fibres naturelles, renouvelables, recyclables et fabriquées à partir de bois issus de forêts qui adoptent un système d'aménagement durable. En outre, l'éditeur attend de ses fournisseurs de papier qu'ils s'inscrivent dans une démarche de certification environnementale reconnue. »

Direction : Jean-François Moruzzi
Direction éditoriale : Pierre-Jean Furet
Responsable éditoriale : Anne la Fay
Secrétariat d'édition : Franck Fries
Conception graphique et couverture : Salah Kherbouche
Réalisation : Facompo
Fabrication : Amélie Latsch

Responsable Partenariats : Sophie Augereau au 01 43 92 36 82

Dépôt légal : juin 2009
ISBN : 978.2.01.230065.1
23.33.0065.01.5

Imprimé en France par Pollina - L50002